国家职业技能等级认定培训教材
国家基本职业培训包教材资源

保卫管理员

（二级）

公安部治安管理局　　组织编写

中国人力资源和社会保障出版集团

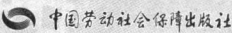　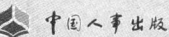

图书在版编目(CIP)数据

保卫管理员：二级 / 公安部治安管理局组织编写. -- 北京：中国劳动社会保障出版社：中国人事出版社，2022
国家职业技能等级认定培训教材
ISBN 978-7-5167-5494-8

Ⅰ.①保… Ⅱ.①公… Ⅲ.①保卫工作－职业技能－鉴定－教材 Ⅳ.①D035.33

中国版本图书馆 CIP 数据核字（2022）第 152774 号

中国劳动社会保障出版社
中国人事出版社　出版发行
（北京市惠新东街 1 号　邮政编码：100029）

＊

三河市华骏印务包装有限公司印刷装订　新华书店经销
787 毫米×1092 毫米　16 开本　13 印张　213 千字
2022 年 9 月第 1 版　2023 年 3 月第 2 次印刷
定价：37.00 元
营销中心电话：400-606-6496
出版社网址：http://www.class.com.cn

版权专有　　侵权必究
如有印装差错，请与本社联系调换：(010) 81211666
我社将与版权执法机关配合，大力打击盗印、销售和使用盗版图书活动，敬请广大读者协助举报，经查实将给予举报者奖励。
举报电话：(010) 64954652

编审委员会

主　任： 仇保利
副主任： 张佐良
委　员： 郭太生　仇加勉　丛术良　廖　崎　赵小兵
　　　　　郑　磊　陶焱升　徐思钢　赵　稳

本书编写人员

主　编： 裴　岩　廖　崎
编　者： 刘晓新　杨　辉　张小兵　童勤久　郭东曦
　　　　　邹湘江　程爱宝　冯治中　李晓康

前　言

全国单位治安保卫人员已发展到210余万人，这支队伍在维护单位内部安全稳定、构建立体化社会治安防控体系中发挥着重要作用。为加强保卫管理员职业化建设，引导和推动职业技能等级认定工作，全面提升保卫管理员队伍的整体素质水平，以适应经济社会的发展和满足单位安全的需求，公安部治安管理局依据《企业事业单位内部治安保卫条例》《保卫管理员国家职业技能标准（2020年版）》以及其他相关法律法规和标准规范，组织编写了保卫管理员国家职业技能等级认定培训教材，包括《保卫管理员（基础知识）》《保卫管理员（三级）》《保卫管理员（二级）》《保卫管理员（一级）》4本教材，作为全国性保卫管理员职业技能等级认定培训的指导用书。

本套教材贯彻"以职业标准为依据、以单位需求为导向、以职业能力为核心"的原则，紧密结合保卫管理员业务实际，充分反映保卫管理员岗位需求，突出新知识、新技术、新方法的介绍，注重提升保卫管理员职业能力，满足读者参加各级职业技能等级认定的需要。本套教材是按照保卫管理员各个等级分别编写的，各等级合理衔接、依次递进，为保卫管理员人才培养搭建了科学的阶梯式培训架构。教材结合各等级职业需要重点掌握的理论知识和技能要求组织编撰相应的功能模块，科学合理安排足量、适用的内容，贴近保卫管理员一线工作实际，贴近单位安全需求，是保卫管理员国家职业技能等级认定的推荐辅导用书，也是保卫管理员职业技能等级认定命题的直接依据。

本套教材由来自有关公安院校、地方高校、公安机关、中央企业、民营企业、社会群团组织等领域的20余名专家历时近两年时间分头编写，并邀请了邹峰、张新天、郑红雯、闵剑、徐东、张文忠、景鹏、姚永明、张宇霞、孔繁平、邓家兴等专家参与相关工作。上述专家在我国保卫工作方面有着深厚的理论研究基础和丰富的实践经验,他们付出了辛勤汗水,作出了突出贡献,在此一并表示感谢。本教材还有诸多不足之处,欢迎读者提出宝贵意见,以便及时修改完善。

公安部治安管理局

目 录 CONTENTS

第一章 组织防范 ... 1
第一节 方案策划 ... 3
学习单元1 单位治安保卫工作计划编制 ... 3
学习单元2 单位治安保卫工作总结撰写 ... 6
学习单元3 单位治安保卫工作实施方案编制 ... 11
学习单元4 单位治安保卫工作制度制定 ... 14
学习单元5 单位应急预案编制 ... 19
第二节 目标保卫 ... 32
学习单元1 单位治安保卫重要部位确定 ... 32
学习单元2 单位治安隐患识别 ... 36

第二章 技术防范 ... 47
第一节 系统工程建设管理 ... 49
学习单元1 入侵和紧急报警系统 ... 49
学习单元2 视频监控系统 ... 52
学习单元3 出入口控制系统 ... 57
学习单元4 其他安全防范子系统 ... 61
学习单元5 安全防范工程建设基本程序 ... 66
第二节 安全防范系统运维管理 ... 80
学习单元1 安全防范系统运行的基本要求 ... 80
学习单元2 安全防范系统维护保养的基本要求 ... 82
学习单元3 安全防范系统检验的基本要求 ... 87
学习单元4 安全防范系统常见故障的表现形式和处置程序 ... 89

第三章 保卫管理 ... 95
第一节 制度落实 ... 97

学习单元1	单位保卫工作责任制	97
学习单元2	单位保卫工作制度的执行	104

  第二节 队伍建设 111
    学习单元1 保卫人员思想道德教育 111
    学习单元2 单位保卫人员培养计划 115
    学习单元3 单位保卫人员考评 118

第四章 应急管理 125

  第一节 应急准备 127
    学习单元1 应急演练开展 127
    学习单元2 应急资源调查 134
    学习单元3 单位应急资源配置和管理 144
    学习单元4 单位反恐怖防范措施 147
    学习单元5 单位应急力量日常训练 153
  第二节 应急处置 157
    学习单元1 单位应急预案启动 157
    学习单元2 应急资源调配 160
    学习单元3 现场信息管理和应急沟通 161
    学习单元4 现场潜在危险识别 166

第五章 培训与指导 169

  第一节 培训实施 171
    学习单元1 单位保卫人员业务培训 171
    学习单元2 单位保卫人员年度培训工作计划制订 177
    学习单元3 单位保卫人员培训实施方案编制 180
  第二节 业务指导与水平考核 188
    学习单元1 单位保卫人员业务指导 188
    学习单元2 单位保卫人员综合素质考核 196
    学习单元3 单位保卫人员培训档案建设 198

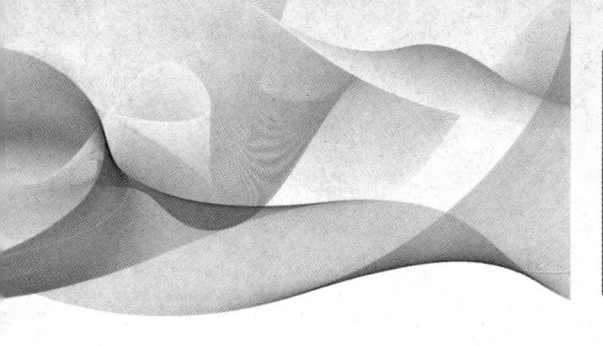

第一章
组织防范

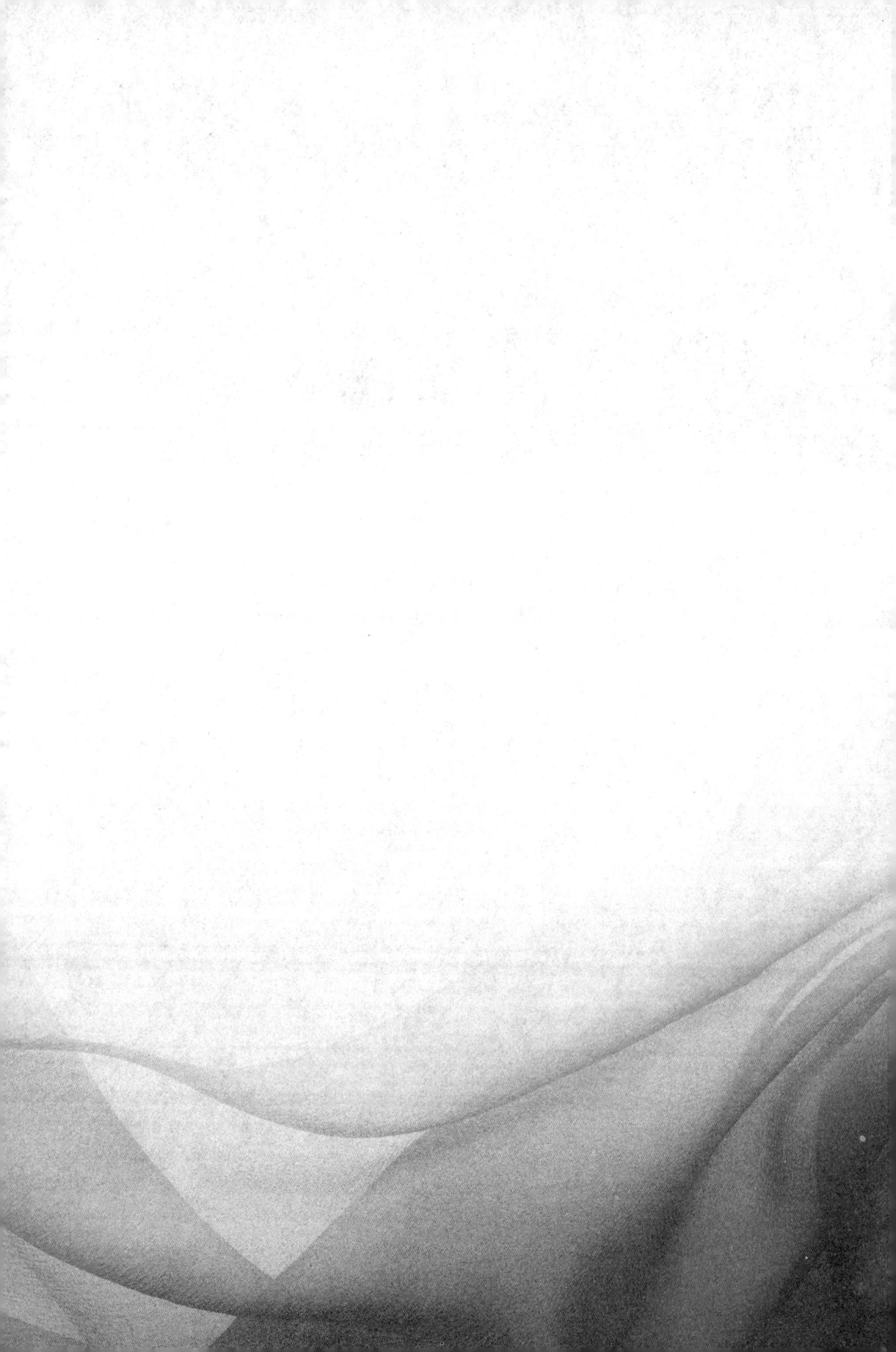

第一节 方案策划

学习单元1　单位治安保卫工作计划编制

一、工作计划编制的基础知识

1. 计划的基础知识

（1）计划的概念。计划是工作或行动以前预先拟定的具体内容和步骤。

（2）计划的类型

1）按名称来分，计划的类型有安排、意见、打算、方案、设想、规划、要点等。

2）按内容来分，计划的类型有工作计划、生产计划、学习计划、旅行计划等。

3）按范围来分，计划的类型有国家计划、部门计划、单位计划、个人计划等。

4）按性质来分，计划的类型有综合计划、专业计划等。

5）按时间来分，计划的类型有跨年度的多年计划、年度计划、季度计划、月度计划等。

（3）计划在管理活动中的作用

1）计划是组织协调的前提。现代社会各行各业的组织以及它们内部的各个组成部分之间，分工越来越精细，过程越来越复杂，协调关系更趋严密。要把这些繁杂的有机体科学地组织起来，让各个环节和部门的活动都能在时间、空间和数量上相互衔接，既围绕整体目标，又各司其职，互相协调，就必须有一个严密的计划。在管理活动中，组织、协调、控制等如果没有计划，就好比汽车总装事先没有流程设计一样不可想象。

2）计划是指挥实施的准则。计划的实质是确定目标，以及规定达到目标的途径和方法。因此，如何朝着既定的目标步步推进，最终实现组织的目标，计划无疑是管理活动中人们一切行为的准则。它指导不同空间、不同时间、不同岗位上的人们围绕一个总目标，秩序井然地去实现各自的分目标。行为如果没有计划指导，被管理者必然表现为无目的的盲动，管理者则表现为朝令夕改、随心所欲、自相矛盾。结果必然是组织秩序混乱，事倍功半，劳民伤财。在现代社会中，几乎每项事业、每个组织，乃至每个人的活动都不能没有计划。

3）计划是控制活动的依据。计划不仅是组织、指挥、协调的前提和准则，而且与控制活动紧密相连。计划为各种复杂的控制活动确定了数据和标准，不仅为控制活动指明了方向，还为控制活动提供了依据。经验告诉我们，未经计划的管理活动是无法控制的，也无所谓控制。因为，控制本身是通过纠正计划的偏差，使管理活动保持与目标的要求一致。

2. 工作计划的基础知识

（1）工作计划的概念。工作计划是个人、单位或团体在一定时期内的工作打算。有了工作计划，就有了明确的目标和具体的步骤，可以增强工作的主动性，使工作有条不紊地进行。同时，工作计划本身又是对工作进度和质量的考核标准，有较强的约束和督促作用。所以，工作计划是建立正常的工作秩序，提高工作效率的重要手段。

（2）工作计划的特点

1）预见性。工作计划不是对已经形成的事实和状况的描述，而是在工作之前对任务、目标、方法、措施作出的预见性确认。制订工作计划要对未来一段时间或一个时期作出科学的预见，如基础条件如何、前景如何、目标高低、措施怎样等。对各种可能出现的情况，必须有清醒的认识、正确的估量。没有科学的预测，也就没有工作计划。

2）可行性。制订工作计划是为了执行。对未来的预测应建立在客观实际的基础上，切忌盲目、无根据地制订工作计划。在工作计划制订过程中，对各项任务、措施、实施步骤、完成时间等都要有明确规定和具体要求，从而使工作计划切实可行，真正落到实处。

3）指导性。制订工作计划必须有明确的目的，即在一定的时间内完成什么任务，获得什么效益。这也就成为工作的方向和依据，并具有很强的指导性、规范性和约束性。社会在不断发展，情况在不断变化，事先制订的工作计划很难准确无误地进行预测。因此，工作计划能不能完成，要从主客观两个方面去总结。如果在工作计划执行过程中，客观情况发生了变化，就要适时地予以修订。所以，计划既有指导性，也有可变性。

（3）工作计划的主要内容

1）工作内容。工作内容是指做什么（what），工作的目标、任务。工作计划应规定在一定时间内的目标、任务和应达到的要求。目标和任务应该具体明确，有的还要定出数量、质量和时间要求。

2）工作方法。工作方法是指怎么做（how），采取的措施和方法。要明确何时实现目标和完成任务，就必须制定相应的措施和办法，这是实现工作计划的保障。措施和方法主要指达到既定目标需要采取什么手段，动员哪些力量与资源，创造什么条件，排除哪些困难等。总之，要根据客观条件，统筹安排，将"怎么做"写得明确具体，切实可行。特别是针对工作总结中存在问题的分析，拟定解决问题的方法。

3）工作分工。工作分工是指谁来做（who），谁负责。要明确完成任务的人力、物力等安排，使有关单位和人员知道在一定时间内、一定条件下，谁负责、谁参与，投入什么，把工作做到什么程度，以便争取主动，有条不紊地协调进行。

4）工作进度。工作进度是指什么时间做（when），完成的期限、步骤。要明确执行工作计划的工作程序和时间安排。每项任务在完成过程中都有阶段性，而每个阶段又有许多环节，常常是互相交错的。因此，制订工作计划必须着眼全局，妥善安排，哪些先干哪些后干应合理安排。而在实施当中，又有轻重缓急之分，哪些是重点工作哪些是一般工作，也应明确。在时间安排上，要有总的时限，又要有每个阶段的时间要求。

二、单位年度治安保卫工作计划的基本框架

1. 标题

（1）标题的构成要素

1）工作计划单位名称。工作计划单位名称要用规范的称呼。

2）工作计划时限。工作计划时限要具体写明，时限不明显的，可以省略。

3）工作计划内容摘要。工作计划内容摘要要表明工作计划所针对的问题。

注意：如果所制订的工作计划还需要讨论定稿或经上级批准，就应该在标题

后面或下方用括号加注"草案""初稿""讨论稿"字样。

（2）标题的写法

1）要素完整的标题，如"××集团2019年度保卫工作计划"。其中"××集团"是工作计划单位名称，"2019年"是工作计划时限，"保卫工作计划"是工作计划内容摘要。

2）省略工作计划时限的标题，如"××公司安全目标管理责任制工作计划"。

3）公文式标题，如"××大学2022年保卫工作部署"。

2. 正文

单位年度治安保卫工作计划的正文应包括目标、措施、步骤。

（1）目标。目标是工作计划的灵魂。单位年度治安保卫工作计划是为了完成保卫工作年度工作目标而制订的。目标是工作计划产生的导因，也是工作计划的奋斗方向。因此，工作计划应根据需要与可能，规定在某一年度应完成的目标和达到的要求。目标有数量、质量和时间等具体要求的，必须写明。

（2）措施。措施是实现工作计划的保证。明确某一年度要实现的保卫工作目标和任务，就必须制定相应的措施和办法。要根据客观条件，统筹安排，将"怎么做"写得明确具体，切实可行。

（3）步骤。步骤是指执行单位年度治安保卫工作计划的程序和时间安排。根据目标的需要，组织并分配力量、资源，明确分工。

3. 结尾

单位年度治安保卫工作计划的结尾，或突出重点，或强调有关事项，或提出简短号召，也可以不写结尾。

学习单元2　单位治安保卫工作总结撰写

一、工作总结撰写的基础知识

1. 工作总结的概念

工作总结是对已经做过的工作进行全面回顾、检查、分析和评判，从理论认识的高度概括经验教训，明确努力的方向，指导今后工作的一种机关事务文体。

它是党政机关、企事业单位、社会团体广泛使用的一种常见文体。当工作进行到一定阶段或告一段落时，需要对所做的工作认真分析、研究，肯定成绩，找出问题，归纳经验教训，提高认识，明确方向，以便进一步做好工作，并把这些用文字表述出来，就是工作总结。

2. 工作总结的作用

（1）工作总结的写作既是对自身社会实践活动的回顾过程，又是思想认识提高的过程。

（2）通过工作总结，可以把零散、肤浅的感性认识上升为系统、深刻的理性认识，从而得出科学的结论，以便改正缺点，吸取经验教训，使今后的工作少走弯路，多出成果。

工作总结可以作为先进经验被上级推广，为其他单位所吸取、借鉴，从而推动实际工作的顺利开展。

3. 工作总结的类型

（1）按范围来分，工作总结的类型有班组总结、部门总结、行业总结、地区总结等。

（2）按内容来分，工作总结的类型有教学总结、科研总结、项目总结等。

（3）按时间来分，工作总结的类型有月度总结、季度总结、半年总结、年度总结、一年以上的时期总结等。

（4）按性质来分，工作总结的类型有全面总结、专题总结等。

4. 工作总结的特点

（1）自我性。工作总结是对自身工作进行回顾的产物。它以自身工作实践为材料，采用第一人称写法，其中的成绩、做法、经验、教训等都有自我性的特点。

（2）回顾性。工作总结的特点与工作计划正好相反：工作计划是设想未来，对将要开展的工作进行安排；工作总结是回顾过去，对前一段时间的工作进行反思，但目的是做好下一阶段的工作。所以，工作总结和工作计划的关系十分密切：一方面，工作总结是工作计划的标准和依据；另一方面，工作总结也是制订下一步工作计划的重要参考。

（3）客观性。工作总结是对前一段工作进行全面回顾、检查的文体，决定了工作总结有很强的客观性。它以自身工作为依据，所列举的事例和数据都必须完全可靠、确凿无误，任何夸大、缩小、随意杜撰、歪曲事实的做法都会使工作总结失去应有的价值。

（4）经验性。工作总结还必须从理论的高度概括经验教训。凡是正确的工作总会产生物质和精神两方面的成果。作为精神成果的经验教训，从某种意义上说，比物质成果更宝贵，因为它对今后的工作有着重要的指导作用。这一特点要求工作总结必须按照"实践是检验真理的唯一标准"的原则，正确地反映客观事物的本来面目，找出正反两方面的经验，得出规律性的认识，达到工作总结的目的。

二、单位年度治安保卫工作总结撰写的要求

单位年度治安保卫工作总结通过对单位本年度治安保卫工作进行系统回顾、分析、研究，从中寻找出具体的经验做法和存在的问题，发现工作规律或缺点产生的原因，以利于调整下一年度单位治安保卫工作的思路及工作目标。单位年度治安保卫工作总结的撰写要求包括以下方面。

1. 内容和体裁的要求

（1）工作总结的内容只能写过去。工作总结是对已经做的工作进行全面、系统回顾、归纳、提炼、检查、分析、研究，把大量的材料集中起来，使之条理化、系统化、科学化。

（2）工作总结要用第一人称来写，即要从本单位、本部门的角度来撰写。工作总结要写得有理论价值。一方面，要抓主要矛盾，无论谈成绩或是谈问题，都不需要面面俱到。另一方面，要对主要矛盾进行深入细致分析：谈成绩要写清怎么做的，为什么这样做，效果如何，经验是什么；谈问题要写清是什么问题，为什么会出现这种问题，性质是什么，教训是什么。这样的工作总结，才能对前一段的工作有所反思，并由感性认识上升到理性认识。

（3）工作总结的目的是肯定成绩、找准问题、明确方向。通过写昨天，看今天，指导明天。总结工作不是目的，目的在于吸取经验教训，做好当前和今后的工作，如果只是把工作总结记成流水账，就达不到预期的效果。

（4）工作总结的体裁应属议论文。工作总结的表述方式以叙述、议论为主，说明为辅，可以夹叙夹议。工作总结不只是对事实做概括性的综合归纳，还应对事物进行本质分析，把感性认识上升到理性认识，从中找出事物发展的基本规律。

（5）工作总结的主要作用是向内部报告情况，向外部介绍经验。向单位员工报告工作，是让员工了解保卫工作情况，树立信心，明确方向；向单位领导汇

报工作，是让领导全面了解所属单位、部门的保卫工作情况，为领导提供决策依据。

2. 结构和素材的要求

（1）精巧构思。开好头、结好尾、突出中间，是写好工作总结的基本要求。

（2）素材丰富。写好单位年度治安保卫工作总结，必须准确掌握丰富的素材。例如：本年度内做了哪些主要工作，每项工作的起止时间、发展过程，哪些工作做得较好，哪些工作做得一般，哪些工作做得较差；工作的背景情况、利弊条件、遇到的矛盾、解决的办法和措施、成效和经验教训、意见建议、各方评价等；当前工作存在的问题，哪些是一般性问题，哪些是老问题，哪些是新问题，哪些是焦点和敏感问题等。

（3）有机结合。无论是围绕观点选择事例，还是围绕事例得出观点，都应做到事例和观点有机结合，理论和实践结合来说明经验教训。

（4）层次分明。撰写工作总结时要注意做到结构合理，层次分明，事实清楚，表述得当。分清轻重主次，把重点、主要的工作排在前面，其余的排在后面，便于把主要的工作业绩展现出来。

三、单位年度治安保卫工作总结的基本框架

1. 标题

单位年度治安保卫工作总结的标题可分为单标题和双标题。

（1）单标题。单标题又可分为公文式标题和文章式标题。公文式标题通常采用"单位名称+时限+总结内容+文体"的方式，如"保卫处2019年消防安全工作总结"。文章式标题一般直接表明总结的基本观点，常用于专题总结。

（2）双标题。双标题同时使用正副两个标题：一般正题采用文章式标题；副题采用公文式标题，补充说明单位名称、时限、总结内容等。

2. 正文

和其他应用文体一样，单位年度治安保卫工作总结的正文也分为开头、主体、结尾三部分，各部分均有特定的内容。

（1）开头。工作总结的开头主要用来概述基本情况，包括单位名称、工作性质、主要任务、时代背景、指导思想及写作目的、内容摘要等。作为开头部分，应以简明扼要的文字写明工作根据、指导思想以及对工作成绩的评价等内容。它是工作总结的引言，便于把下面的内容引出来，只需要很短的一段文字。

（2）主体。主体是工作总结的主要部分，包括成绩和做法、经验和教训（问题和不足）、下一年度打算等方面。这部分篇幅大、内容多，要特别注意层次分明、条理清楚。

1）主体常见结构

①纵式结构。纵式结构是按照本年度保卫工作过程安排内容。写作时，将工作总结所包括的时间划分为几个阶段，按时间顺序分别叙述每个阶段的成绩、做法、经验和体会，主要从本年度保卫工作回顾及经验教训展开。这种写法的优点是本年度保卫工作发展全过程都清楚明白。

②横式结构。横式结构是按照本年度各项保卫工作性质和规律的不同，分门别类地依次展开内容，使各层次之间呈现并列的关系。这种写法的优点是各层次的内容鲜明集中。

③纵横式结构。采用纵横式结构写工作总结时，既要考虑时间的先后顺序，体现保卫工作的发展过程，又要注意内容的逻辑联系，从几个方面总结经验教训。这种写法，多数是先采用纵式结构，写年度保卫工作开展情况或存在的问题，然后采用横式结构总结经验教训，把保卫工作的过程、工作办法、取得的成效等穿插在里面，使内容更加充实。

2）主体常见内容

①工作回顾。工作回顾详细叙述工作任务、完成步骤、采取的措施、取得的成效、存在的问题。特别是步骤和措施，要写得详细、具体，取得的成效要表达得形象、生动。在写工作回顾的过程中，还要有意识地照应到下一部分的经验教训，将之顺理成章地引出来，以免造成前后不连贯的感觉。

②经验教训。经验教训应从工作回顾中很自然地归纳提炼，并选用具体事例适当地展开议论。

（3）结尾。结尾是正文的收束，应在总结本年度保卫工作经验教训的基础上，提出下一年度的工作方向、任务和措施，表明决心、展望前景。这段内容要与开头相照应，篇幅不应过长。工作总结正文的内容写完以后，应该在正文的右下方写上单位名称和写作日期。

学习单元3　单位治安保卫工作实施方案编制

一、实施方案编制的基础知识

1. 实施方案的概念

实施方案是对某项工作，从目标要求、工作内容、方式方法及工作步骤等方面做出全面、具体而又明确安排的计划类文书。单位治安保卫工作实施方案也称"单位治安保卫工作执行方案"，是指为完成某项治安保卫工作而进行的活动或工作过程的方案。每一项治安保卫工作都应有明确的目标或目的，必须在特定时间、预算和资源范围内，依据规范完成。将某项治安保卫工作所实现的目标效果、前中后期流程和各项参数做成系统而具体的方案，指导工作顺利进行。实施方案要对某项治安保卫工作的内容、目标要求、实施方法、实施步骤以及领导保障、督促检查等各个环节作出具体明确的安排，落实到阶段性工作的时间安排、负责人员、领导及监督保障等。

2. 实施方案的特点

（1）广泛性。实施方案的适用和涉及范围广泛。从适用的主体来看，既可以是各级党政机关，也可以是企事业单位和社会团体；从内容来看，涉及政治、经济、文化等各方面。

（2）具体性。实施方案要对某项工作的内容、目标要求、实施方法、实施步骤以及领导保障、督促检查等作出具体明确的安排，落实到工作分几个阶段、什么时间开展、什么人负责、领导及监督如何保障等。

（3）规定性。实施方案的规定性表现在以下两个方面。

1）实施方案要根据上级的有关文件及精神制定，根据所要实施工作的目的、要求、内容及单位实际情况制定，而不是随意制定。

2）实施方案一旦制定，制定机关及相关部门单位就要按照实施方案认真组织实施，具有强制性。

3. 实施方案编制的原则

治安保卫工作实施方案为整个工作的具体开展提供指导和参考标准，因此，编制治安保卫工作实施方案时，应纵观全局、宏观把握、细节掌控，从多层面、多角度调整其内容。治安保卫工作实施方案在编制过程中要遵循以下原则。

（1）针对性原则。针对性原则是指治安保卫工作实施方案必须和当下开展的治安保卫工作实际情况相符合，编制人员需要了解治安保卫工作开展的背景、目标等。

（2）实用性原则。实用性原则是指治安保卫工作实施方案所规定的内容和实施细则是基于对治安保卫工作真实情况的反映，同时又具有可行性，可操作性强，能够在具体实施过程中给各类人员指导，从而促进治安保卫工作的顺利开展。

（3）科学性原则。科学性原则是指编制人员应对开展的治安保卫工作进行科学合理的调查、评估和研讨，并以此为基础编制治安保卫工作实施方案，以满足对治安保卫工作指导的需要。

（4）时效性原则。时效性原则是指治安保卫工作实施方案通常以时间为轴线来标记工作进度、衡量进展效率，同时随着条件和思路的调整而进行更新。

（5）客观性原则。客观性原则是指治安保卫工作实施方案的内容、步骤等必须是以治安保卫工作的真实情况为依据，实施方案所提出的问题和解决问题的策略都需要尊重事实，并遵循事物发展的客观规律。

4. 实施方案的主要内容

实施方案的成败在一定程度上决定了治安保卫工作实施的成败。实施方案的编制有一定的程式，一般来说包括以下几部分内容。

（1）工作概况。工作概况说明治安保卫工作开展的背景、指导思想、任务目标及阶段性目标等。

（2）工作内容。工作内容说明治安保卫工作的范围和要求等，在治安保卫工作实施方案编制过程中，对于这一部分内容，能量化的指标尽可能量化。

（3）工作方法。工作方法说明治安保卫工作开展所采取的方法和手段。

（4）工作预期效果。工作预期效果说明治安保卫工作完成时所达到的有形或无形的效果。

（5）工作进度安排。工作进度安排详细说明各阶段工作的时间安排和工作内容完成的时间，需要编制人员对治安保卫工作有全方位的掌控和评估能力，尽力让工作进度与方案所计划的时间吻合。

（6）工作实施组织形式。工作实施组织形式详细说明参与单位和部门以及各自分工。

二、单位治安保卫工作实施方案的基本框架

单位治安保卫工作实施方案通常由标题、主送机关、正文、落款四个部分构成。

1. 标题

实施方案的标题通常有以下 3 种写法。

（1）二要素法，即"实施的内容 + 文体"。

（2）三要素法，即"制文机关 + 实施的内容 + 文体"。

（3）四要素法，即"制文时间 + 制文机关 + 实施的内容 + 文体"。

2. 主送机关

实施方案一般用于下发给制文机关所属的部门、单位及各科室，要求其遵照执行。主送机关可以放在正文之前，也可以放在文件尾部的主送、抄送栏。对上级机关一般是抄送或抄报，用于审批或备案。

3. 正文

实施方案的正文一般分为前言、主体、结尾。

（1）前言。前言写明制发实施方案的目的和依据，要求简明扼要。一般先写制发目的，常用"为""为了"开头；然后说明制发的依据，常用"根据……，结合本（我）单位的实际，制定本实施方案"结束，以简明扼要的文字把制定实施方案的目的和依据清楚、明确地表达出来。

（2）主体。主体是实施方案的主要内容，一般包括以下几部分。

1）实施某项工作的重要性和必要性。

2）实施某项工作的指导思想、目标要求及指导原则。

3）实施某项工作的安排、步骤、方式、方法等。

4）关于治安保卫工作的组织领导及资金保障等。这部分的内容要求具体明确，具有很强的可操作性，包括：实施某项工作分为哪几个步骤；每个步骤在什么时间、需要多长时间；每个步骤由哪些部门、哪些人员负责落实等，都要做好具体明确的安排和分工。

上述四部分内容可以根据不同的部门单位、工作内容而有所删减，有的实施方案就不写第一部分重要性和必要性的内容，而直接写后三部分的内容。

（3）结尾。结尾通常是对贯彻实施方案提出明确的要求，要求受文机关认真贯彻执行，要写得简明扼要。

4. 落款

在正文右下角写制文机关的名称和制文日期。如果在标题中写明制文机关的，落款可以省略不写制文机关，直接写制文日期。

学习单元4　单位治安保卫工作制度制定

一、工作制度制定的基础知识

1. 工作制度的概念

制度泛指以规则或运作模式规范个体行动的一种社会结构。制度是国家法律、法令、政策的具体化，是人们行动的准则和依据。工作制度的主要内容是管人和理事，是在一个特定环境下和具体专业领域内进行的。工作制度是为了达到"做正确的事，正确地做事，获取正确的结果"而制定的，需要单位全体员工遵循的、有度去衡量且有法去奖惩和激励的程序或规程。

从安全管理角度出发，单位为保障正常工作的开展，维持内部秩序的稳定有序，需要为员工的相互关系而人为设定一些制约和保障制度。单位治安保卫工作制度是指机关、团体、企事业单位为了维护正常的工作、生产、经营、教学和科研秩序，由单位相关部门制定，以书面形式表达治安保卫工作内容，并以一定方式公示的非针对个别事务处理的规范总称。单位治安保卫工作制度是单位行政管理的重要组成部分，是要求单位全体员工共同遵守的、具有指导性与约束性的安全规则和行为准则，对单位全体员工具有约束力。

制定单位治安保卫工作制度时，应当严格执行国家法律、法规，体现权利与义务一致、奖励与惩罚结合。工作制度一经制定颁布，就对某一岗位或从事某一项工作的员工有约束作用。

2. 工作制度的特点

（1）规范性和程序性。工作制度的最大特点是规范性，呈现在稳定和动态变化相统一的过程中。工作制度对实现工作程序的规范化、岗位责任的规范化、管理方法的规范化起着重大作用。工作制度本身必须具有合法性，工作制度的各项内容要与国家的法律、法规相一致，这是制定各项工作制度的前提和基础。工作制度本身要有程序性，为员工的工作和活动提供可供遵循的依据。工作制度的程序性体现在工作制度的编制必须符合一定程序。

（2）适应性和有效性。工作制度的适应性体现在两个方面：一方面，不是为了制定工作制度而制定工作制度，制定工作制度要紧密结合实际情况，简洁明了，便于理解和执行、检查和考核，并使利益相关方尽量满意，注重单位员工的认同感；另一方面，工作制度应适合本单位、本组织的情况，能体现单位中大多数员工的意见，使单位中大多数员工能够接受，并能有利于治安保卫工作的有效开展和治安保卫组织的良性运转。工作制度的有效性体现在两个方面：一方面，工作制度要对单位保卫工作实践有效；另一方面，制定工作制度是为了有效管理，而非简单地制约员工。反过来，尊重也不是放任，工作制度存在的价值在于其具有权威性与合理性，不合理可以修改，但不能形同虚设。

（3）全局性和约束性。制定工作制度要考虑单位各方面之间的影响和联系。单位是一个统一的整体，内部各个方面是相互联系、相互影响的，一个方面的变动，可能会引起其他各方面的变动，甚至可能影响到单位的整体利益。治安保卫组织在制定各项工作制度时，要有全局观，既要考虑本组织的情况，又要考虑其他部门的情况。在可能的情况下，应尽量不使治安保卫工作制度的制定影响或限制其他部门的正常工作。治安保卫工作制度对相关人员做什么工作、如何开展工作应有一定的提示、指导和约束，同时也应明确相关人员不得做什么，以及违背了会受到什么样的惩罚。治安保卫工作制度可以张贴或悬挂在工作现场，随时鞭策和激励单位保卫人员遵守制度。

二、单位治安保卫工作制度的主要内容

作为国家相关法律规范的一种补充和衔接，单位治安保卫工作制度为治安保卫工作提供了科学依据。单位治安保卫工作制度的体系化和科学化程度，在一定程度上代表着单位治安保卫工作的水平。具体而言，单位治安保卫工作制度包括治安保卫组织内部工作制度和单位内部安全管理制度。

1. 治安保卫组织内部工作制度

（1）治安保卫组织内部工作制度的特点。治安保卫组织内部工作制度是由治安保卫组织制定的，并要求其内部成员必须遵守的有关工作纪律、工作作风等方面的规定和要求。作为社会群体，任何一个单位或组织都有一定的内部工作制度，以约束其内部成员的行为，从而保障单位或组织的正常运转。对于治安保卫组织

来说，内部工作制度的建立尤为重要，这是由治安保卫组织的工作特点决定的。

1）治安保卫组织的工作是维护单位内部安全，保护公民人身、财产安全和公共财产安全，维护单位的工作、生产、经营、教学和科研秩序，任务繁重，责任重大，必须靠强有力的制度体系约束治安保卫人员的行为及其权利义务。

2）由于单位内部治安事件及不稳定因素的突发性和不确定性，使治安保卫工作在时间安排上有很大的随机性，治安保卫人员的工作时间不能严格地用正常的上下班时间来规定，因此需要工作制度加以规范。

3）治安保卫人员在处理工作问题时，往往有来自内外部的人情关系、亲戚关系等干扰，治安保卫组织的组织原则要求治安保卫人员在工作时，必须正确行使职责，不徇私情，并通过工作制度予以固化。

4）治安保卫工作带有一定的危险性，而治安保卫人员自身职责要求其遇事不能逃跑、回避，需要工作制度给予明确要求。

建立一套合理有效的治安保卫组织内部工作制度，有助于更好地规范和约束治安保卫组织成员的工作，促使其形成良好工作纪律、工作作风和工作态度，并提高其责任感和使命感。

（2）治安保卫组织内部工作制度的内容

1）单位保卫工作责任制。单位保卫工作责任制是指以目标管理为主要形式，将单位各方面的治安保卫工作任务和不同岗位的员工对本岗位应承担的治安保卫工作责任进行量化，再将量化的指标分解后层层落实，使单位治安保卫工作具体化。从目前情况看，单位制定的治安保卫目标大体包括刑事案件发案率、治安案件发案率、员工违法犯罪率、治安灾害事故发生率，以及对轻微违法犯罪人员帮教转化率和治安保卫人员称职率等。单位保卫工作责任制的内容具体见本书第三章第一节，在此不再赘述。

2）科室目标管理制度。科室目标管理制度是指治安保卫组织把治安保卫工作逐项落实到每个科室，并对科室实行目标管理的一整套内部工作规范。其中要明确目标管理的实施办法，每个科室的工作任务、工作范围、工作要求及应达到的目标。这样可以增强每个科室工作人员的责任感，提高治安保卫工作效率。

3）考勤、考评制度。考勤、考评制度是指对治安保卫人员进行工作考核的一整套内部工作规范。例如，考核工作实施办法、请假制度、奖惩办法等。

4）档案制度。档案制度是指明确需要建档的材料种类以及建档方法和具体措施的一整套工作规范，有助于治安保卫组织的各种文件材料得到妥善保存，便于以后查找使用。例如，重要部位登记表、确定重要部位的报告和批示材料、重要部位人员名册、有关人员的审查登记表和审查材料、治安保卫工作的主要情况记录表、单位发生和发现的各种治安问题登记表、单位周边情况的调查材料以及其他与单位治安保卫工作有关的参考材料。

（3）治安保卫组织内部工作制度制定的要求

1）了解单位及其员工的状况。每项治安保卫组织内部工作制度的制定，一定要了解本单位的实际情况，并适合绝大多数治安保卫人员，要考虑治安保卫人员的接受程度，使工作制度能为大家所接受并能自觉执行。

2）明确治安保卫组织的工作任务和工作目标。每项治安保卫组织内部工作制度都要围绕更好地完成任务和实现目标来制定，离开了这一点，工作制度就失去了存在的意义。

3）各项治安保卫组织内部工作制度的建立必须以国家的法律、法规为前提，并要考虑社会发展的实际情况，与社会发展相适应，从单位和治安保卫部门的长远发展考虑。

2. 单位内部安全管理制度

单位内部安全管理制度是指单位内部治安防范方面的规范。单位内部安全管理制度建设是治安保卫组织规范化建设的重要内容，有助于减少治安保卫组织在工作中的盲目性和随意性。同时，通过制定制度和宣传教育，可以加强单位员工对治安保卫组织工作的监督。单位内部安全管理制度主要包括以下内容。

（1）门卫制度。门卫制度包括人员出入制度、车辆出入制度、会客制度、携带物品出门登记制度等。

（2）值班巡逻制度。值班巡逻制度包括干部带班制度、请示报告制度、勤务检查登记制度、交接班制度等。

（3）财物保管制度。财物保管制度是指对现金、票据、有价证券、金银珠宝、珍贵文物、重要生产原材料、成品、半成品，及贵重仪器、设备的保管制度。

（4）保密制度。保密制度包括秘密文件保管、收发制度，传阅、借阅制度，泄密追查制度，秘密文件销毁、处理制度，对涉密人员的审查、教育、管理制度等。

（5）重点单位和重要部位技术防范制度。重点单位和重要部位技术防范制度是指利用自动报警、自动录音、自动录像和闭路电视等监控系统以及有关加固保险装置等，对治安保卫目标进行防范的制度。重点单位和重要部位技术防范制度是对现有国家、行业、地方相关技术防范标准的执行与落实，涉及建设、维护、保养等内容。

（6）重要部位人员管理制度。重要部位人员管理制度包括审查、教育、培训等制度。

（7）危险物品管理制度。危险物品管理制度是指针对易燃易爆、剧毒、腐蚀和放射性物品，建立的生产、储存、运输、销售、使用等各环节的管理制度。

（8）消防管理制度。消防管理制度是指单位对重点防火部位确定、防火责任人落实、消防设施建设与配备、消防组织建设、消防检查等方面建立的工作制度。

（9）安全检查制度。安全检查制度是指为保障单位内部安全，对治安保卫措施进行查验和补救的综合性监督规范的制度，包括安全检查的实施主体、措施、手段等内容。

三、单位治安保卫工作制度的基本框架

1. 标题

单位治安保卫工作制度的标题主要有两种构成方式：一种是以适用对象和文体构成，如"重要部位安全管理制度"；另一种是以单位名称、工作内容、文体构成，如"××巡查制度""××安全检查制度"。

2. 正文

单位治安保卫工作制度的正文主要有三种写法：引言、条文、结语式，通篇条文式，多层条文式。

（1）引言、条文、结语式。这种写法先写一段引言，主要用来阐述制定制度的根据、目的、意义、适用范围等，然后将有关规定分条列出，最后再写一段结语，强调执行的注意事项。

（2）通篇条文式。这种写法将全部内容都列入条文，包括开头部分的根据、目的、意义，主体部分的各种规定，结尾部分的执行要求等，逐条表达，形式整齐。

（3）多层条文式。这种写法适用于内容复杂、篇幅较长的制度，特点是将全文分为多层序码，篇下分项、项下分条、条下分款，用序码"一、二、三……"表示大项，序码"（一）、（二）、（三）……"表示大项下的分条，序码"1、2、3……"表示条下的分款。

3. 制文单位和日期

如有必要，可在标题下方正中加括号注明制文单位名称和日期，位置也可以在正文之下，相当于公文落款的地方。

学习单元5　单位应急预案编制

一、应急预案编制的基础知识

1. 应急预案的概念

2013年10月25日，国务院办公厅以国办发〔2013〕101号印发《突发事件应急预案管理办法》。其中第2条规定：本办法所称应急预案，是指各级人民政府及其部门、基层组织、企事业单位、社会团体等为依法、迅速、科学、有序应对突发事件，最大程度减少突发事件及其造成的损害而预先制定的工作方案。

应急是应对特大、重大事故灾害的危险问题而提出的，反映了灾害后果的严重性以及处置灾害时间的紧急性。应急预案是在辨识和评估潜在的重大风险、事件类型、发生可能性及发生过程、事件后果及影响严重程度的基础上，对应急机构与职责、人员、技术、装备、设施（备）、物资、救援行动及其指挥与协调等方面预先作出的具体安排。应急预案明确和规范单位突发事件发生之前、发生过程中以及刚刚结束之后，谁负责什么，何时做，以及相应的策略和资源准备等。从操作层面上看，应急预案是赋予权利义务的规章制度，为处置突发事件提供制度保障。应急预案是告知应急处置方法的操作手册，为处置突发事件提供操作指南。作为标准化的反应程序，应急预案为规范、有序、高效处置突发事件提供程序保障，使应对工作按照计划和最有效的步骤进行，达到最大限度地减少损失，维护稳定，保障发展的效果。

　相关链接

中国应急预案体系的建设

据现有资料来看，我国比较成熟的应急预案可能起源于地震应急救援。作为国家级的专项应急预案，最早的是1991年颁布的《国家地震应急预案》。

2003年发生的"非典",是中国现代应急管理的开端,中央政府开始高度重视应急预案的编制,一方面着手中央政府的各类应急预案的编制工作,另一方面部署建立自上而下的应急预案体系。2004年1月,国务院各部门、各单位制定和完善突发公共事件应急预案工作会议召开;5月,国务院办公厅将《省(区、市)人民政府突发公共事件总体应急预案框架指南》印发各省,指导各省人民政府编制突发事件总体应急预案。2005年1月,国务院第79次常务会议原则上通过了《国家突发公共事件总体应急预案》和25件专项预案、80件部门预案,国家级的应急预案体系基本形成。2005年开始,各级地方政府按照国务院的要求,开始制定涵盖自然灾害、事故灾难、公共卫生事件和社会安全事件四大类突发事件的应急预案。同时,企事业单位也开始制定针对所有突发事件的应急预案。我国应急预案的编制进入前所未有的多产期。2013年,国务院办公厅发布的《突发事件应急预案管理办法》,对"增强应急预案的针对性、实用性和可操作性"提出了具体要求,按照这一部署,国务院各个系统和地方政府做了许多工作,大大提高了应急预案的实践价值。2020年9月29日,国家标准《生产经营单位生产安全事故应急预案编制导则》(GB/T 29639)由国家市场监督管理总局和国家标准化管理委员会发布,规定了生产经营单位生产安全事故应急预案的编制程序、体系构成和综合应急预案、专项应急预案、现场处置方案的主要内容以及附件信息。

2. 应急预案的特点

(1)全面性。应急预案包括事前预测预警、事发识别控制、事中应急处置和事后恢复重建等内容,贯穿于突发事件应急管理的全过程,具有全面性。

(2)系统性。应急预案作为应急管理工作的重要组成部分,是应对处置突发事件的操作指南,包括了应对工作的各个环节。每个应急预案之间又相互衔接,形成预案体系,具有系统性。

(3)权威性。应急预案一般由各级政府及其部门等行政机关颁布施行,是政府的施政措施,也体现法律法规的要求,具有权威性。

(4)实用性。应急预案规定的防范应对处置计划和方法,既有历史经验和理论概括,又有科学分析和成功做法,操作性强,具有实用性。

3. 应急预案的功能

从突发事件处置过程来看，应急预案要确定四个问题：第一，在什么样的情况下（突发事件情景）；第二，由谁和哪个部门承担（应急处置的责任者）；第三，用什么样的资源（应急处置保障）；第四，采取什么样的应对行动（应急处置措施）。因而，应急预案有以下功能。

（1）预先于事，便于应急处置从容决策。应急预案针对在一个应急主体辖区内，不经常发生或遇到的重大和特别重大突发事件，无论是政府主要领导还是单位负责人，对规模大、情势急的突发事件，往往经历甚少，甚至从未见识。因而，处置时势必会顾此失彼，甚至不知所措。如果没有事先准备，光靠突发事件发生时拍脑袋解决问题是很可怕的事，一旦贻误时机，决策失当，会造成严重后果。有了应急预案，就可以做到成竹在胸，从容应对。

（2）机制预设，确保应急处置协调自如。突发事件应急处置是非常态工作，时间紧，压力大，需要许多部门、机构、组织、人员在统一指挥下协调配合完成。应急预案确定的是机制性的安排，而且大部分内容在平时就已经启动、落实，经过培训、演练、检查、考核，成为常态性的准备，在突发事件发生时保证应急处置井然有序。

（3）资源到位，为应急处置提供充分的能力保障。所有的突发事件应急处置都需要调动大量资源，包括物力资源、信息资源和人力资源。在应急预案编制过程中，需要根据应急处置任务确定应急能力，再将应急能力物化为应急资源，并确定所需资源的种类、数量和规格。应急预案文本完成之后，为了保证应急预案实施，要在规定时间内将所需物力资源提前准备到位，避免应急处置"无米下炊"。同时，应急预案也要将人力资源事先安排到位，按照应急预案规定的处置流程和措施培训，使之熟悉和掌握自己的应急职责。

（4）措施科学，确保应急处置效果明显。只有在对大量突发事件案例进行分析研究，吸取同类突发事件应急处置经验教训的基础上，才能较好地把握突发事件发生发展的规律，进而制定包含合理处置程序和措施的应急预案。同时，通过演练，相关人员对这些程序和措施能够熟练掌握。在突发事件发生后，能够按图索骥，根据突发事件的发展进程，环环相扣，采取得当的应对措施。

4. 应急预案的类型及体系

（1）应急预案的类型。根据不同的应急预案类型和应急预案级别来确定应急预案的具体内容，并使用科学的编制方法，编制一个成功的应急预案。不同类型的应急预案，侧重点和表现形式也不尽相同，如"防范恐怖袭击应急预案"和"防范群体性事件应急预案"的内容就不尽相同。因此，有必要了解应急预案的分类。

1）按照应急预案应对的对象类型划分。突发事件是应急预案的对象，不同类型突发事件的发生机理不同。所以，针对不同类型的突发事件要建立不同的应急预案，如"自然灾害应急预案""事故灾难应急预案""公共卫生事件应急预案""社会安全事件应急预案"等。

2）按照应急预案的制定主体划分。应急预案按照制定主体分为政府及其部门应急预案、单位和基层组织应急预案两大类。机关和事业单位如政府部门、学校、医院等，要制定应对各种影响其秩序的应急预案；企业要制定针对影响自身工作、科研、生产运营的突发事件的应急预案。

3）按照应急预案的功能和适用范围划分。各种应急预案针对的目标不一样，功能和适用范围也不一样，一般可分为以下类型。

①总体应急预案。总体应急预案是应急预案体系的总纲，是政府和组织应对突发事件的总体制度安排。单位编制的总体应急预案，也称"综合应急预案"。一级政府或组织通常有多个应对不同类型突发事件的应急预案，运行依托的体制机制、指导思想、主要原则、基本规范往往是一样的，因而需要制定一个总体应急预案，作为其他应急预案的纲领性文件，规定对各种突发事件处置的一般程序、原则和依据，确定处置的组织体系、机制，规定应急资源保障的内容和途径。制定其他应急预案的时候，必须遵循总体应急预案的规范。例如，2006年1月8日，国务院发布的《国家突发公共事件总体应急预案》，确定了总体应急预案的总则、组织体系、运行机制、应急保障、监督管理和附则，是国务院专项应急预案和部门应急预案的上位应急预案。

②专项应急预案。专项应急预案主要是指政府或组织制定的针对某一特定种类突发事件的处置方案。其内容是在政府或组织的总体应急预案的框架内，实施对该种类突发事件的应对程序、方法和资源配置。专项应急预案是总体应急预案的组成部分，但与总体应急预案不同，专项应急预案具有很强的操作性。而且，制定者越接近基层，专项应急预案的内容就越具体，应对流程、措施和方法就越详细。

③部门应急预案。部门应急预案是指政府有关部门根据总体应急预案、专项应急预案和部门职责，为应对本部门（行业、领域）突发事件，或者针对重

要目标物保护、重大活动保障、应急资源保障等涉及部门工作而预先制定的工作方案。它针对的是本级政府专项应急预案没有涵盖的其他突发事件，如铁路系统的"铁路防洪应急预案""铁路破坏性地震应急预案""铁路地质灾害应急预案"等。

④重大活动应急预案。重大活动应急预案是指为了举办大型会展和文化体育等活动，责任单位制定的针对该活动本身的应急预案。它的制定者既可以是一级政府，也可以是企事业单位或其他社会组织。

（2）应急预案的体系。我国的应急预案体系是在"非典"疫情之后逐步形成的。2003年12月，国务院办公厅应急预案工作小组成立，标志着我国应急预案体系建设的开始。按照"横向到边、纵向到底"的原则，各级地方政府及其部门编制的总体应急预案、专项应急预案和部门应急预案陆续到位，到2005年年初，国家应急预案体系初步形成。《国家突发公共事件总体应急预案》对我国应急预案体系进行了规范描述，按照"统一领导、分类管理、分级负责"的原则和不同的责任主体，我国应急预案体系设计为国家总体应急预案、国家专项应急预案、国家部门应急预案、地方应急预案、企事业单位应急预案以及重大活动应急预案。至此，我国应急预案体系基本确立，如图1-1所示。

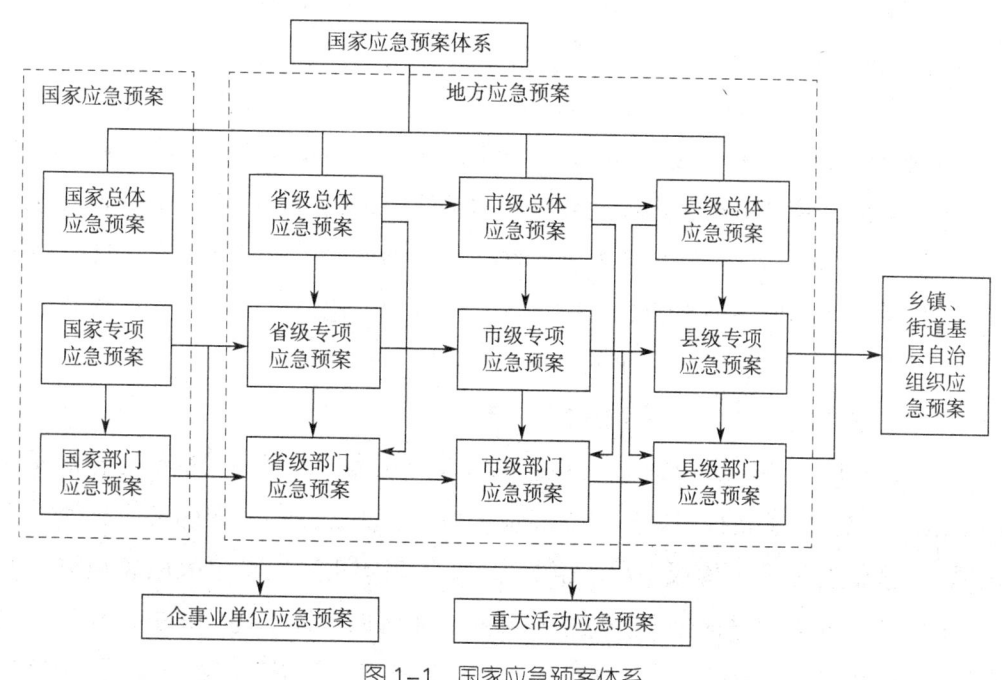

图1-1 国家应急预案体系

二、单位应急预案的内容

1. 单位总体应急预案的内容

单位总体应急预案一般由总则、分则、附则及附录三个部分组成。单位专项应急预案等不能体现的内容,或将来遭遇的未知情况,要能在单位总体应急预案里找到描述或方向性的指导意见。

(1)单位总体应急预案总则的内容。总则部分包括应急预案的制定目的、工作原则、编制依据和适用范围等内容。无论是何级或何类的突发事件应急预案体系,都必须有明确的目的、工作原则和适用范围,作为开展应急工作的纲领。目的应包括"降低事故后果"或类似描述;工作原则应包括"以人为本""分级负责"或类似描述,还应体现事故损失控制、协调联动以及持续改进的思想。例如,"××大学突发事件处置预案"总则中有关目的和适用范围的内容是:"为贯彻市教委、市公安局、××大学关于做好学校安全工作的指示精神,切实做好突发事件的处置,特制定本预案。""××医院突发事件应急预案"总则中有关目的和适用范围的内容是:"为了提高应对院内突发事件的应急及反应能力,最大限度地减少人员伤亡,降低突发事件造成的损伤,特制定本预案。"再如,"××集团生产安全事故应急预案"总则中规定的工作原则为:"以人为本,安全第一;统一领导,分级负责;预防为主,科学处置。"

单位应急预案体系一般包括多个专项应急预案和现场处置方案。各专项应急预案和现场处置方案在单位应急预案体系中的权重并不相同,权重值一般取决于后果的严重性。后果相对严重、处置复杂的事件要编制专项应急预案;后果相对较轻、处置简单的事件编制现场处置方案即可。例如,单位日常生产、科研等用到危险化学品的,如果种类和数量较少可以只编制"危险化学品作业现场处置方案",否则应编制"危险化学品事件专项应急预案"。

(2)单位总体应急预案分则的内容

1)组织机构与职责的内容。一般应明确应急预案所涉及突发事件应急指挥机构的组成情况。应急指挥机构应设置相应的应急处置工作组,明确各应急处置工作组的设置情况和人员构成情况。例如,"××集团生产安全事故应急预案"中规定了应急组织机构包括公司应急指挥部和专业协调指挥机构。其中,专业协调指挥机构包括技术支持组、抢险救灾组、医疗救护组、物资供应组、警戒保卫组、安全监察组、资金保障组、后勤保障组、善后处置组、信息发布组。同时,这部分内容应明确应急指挥机构、各应急处置工作组和相关人员的具体职责，明确预案所涉及各有关部门的应急工作职责。

2）预警及信息报告的内容。预警及信息报告的主要内容包括信息监测与报告，预测、预警支持系统，预警级别及其发布等。

①预警。应急预案针对的突发事件可以实施预警的，需要明确以下内容：根据实际情况进行预警分级；预警的发布程序和相关要求；预警发布后的应对程序和措施；结束预警状态的条件、程序和方式。

②信息报告。信息报告应明确：本单位 24 h 应急值班电话；突发事件发生后，本单位内部和向上级单位进行信息报告的程序、方式、内容和时限；突发事件发生后，向上级单位和政府有关部门、机构进行信息报告的程序、方式、内容、格式、时限和责任部门等。信息报告分为初报和续报。初报要求第一时间，即看到或听到事件发生的同时，直接报告主管或相关部门。初报内容包括时间、地点、事件、是否有人员伤亡等，求快不求细。续报是指初报之后多次、不断地报告，要求明确续报时间要求和间隔，具体、确切的事件状况，发生重大变化、转折点时的报告等。

3）应急响应的内容。应急响应包括响应分级、响应程序、响应结束。

①响应分级。根据突发事件分级标准，结合单位控制事态和应急处置能力明确具体响应分级标准、应急响应责任主体及联动单位和部门。

②响应程序。针对不同级别的应急响应，响应程序需要明确以下内容，并附以流程图：应急响应启动条件（应分级列出）；响应行动，包括召开应急会议、派出前线指挥人员、组建现场工作组及其他应急处置工作小组等；各有关部门按照响应分级和职责分工开展的应急行动。

③响应结束。应急预案应说明响应结束的基本条件和要求。

4）信息公开的内容。信息公开包括单位突发事件信息发布内容、发布方式和舆情管控。信息公开是应急预案中必不可少的内容，单位突发事件信息公开包括信息发布（强调一个声音说话）、舆情引导（抢先发布权威信息，抢占舆情制高点）、维护信息发布秩序（证实真相，粉碎谣言，消除流言，打击造谣者）等任务。

5）后期处置的内容。后期处置是响应行动的延伸，包括善后处置、社会救助、保险与补偿、调查和总结。后期处置应当明确以下内容：后期处置、现场恢复的原则和内容，对受害人员的抚慰、安置、补偿，负责保险和理赔的责任部门，事故或事件调查的原则、内容、方法和目的，对应急预案及本次应急工作进行总结、评价、改进等内容。

6）保障措施的内容。保障措施包括通信与信息保障，应急支援与装备保障，技术储备与保障，宣传、培训和演习，监督检查等。

（3）单位总体应急预案附则及附录的内容。附则包括术语、定义，应急预案管理与更新，奖励与责任，制定与解释部门，应急预案实施或生效时间等。附录包括相关的应急预案、应急预案总体目录、应急分预案目录、各种规范化格式文本等。

2. 单位专项应急预案的内容

单位专项应急预案主要体现战术性。如果是单独的单位专项应急预案，应包括总则等必要内容。如果是一套应急预案体系中的单位专项应急预案，可省去雷同部分，直接从风险分析开始。

（1）风险分析的内容。较之单位总体应急预案，单位专项应急预案的风险分析应有更深刻的认知、更高的技术性和逻辑性。风险分析的工作质量很大程度上取决于编制团队的专业水平，能直接影响单位对风险的系统性认知。风险分析应立足于单位实际，内容全面。例如，"某省中小学校突发事件专项应急预案"大致包括"网络与信息安全应急预案""体育课外活动应急预案""防汛应急预案""实验室安全应急预案""自然灾害应急预案""食品安全应急预案""校车安全防范应急预案""治安应急预案""突发公共卫生事件应急预案""反恐怖防范应急预案""拥挤踩踏事件应急预案""灭火与疏散应急预案"等。

（2）组织机构及职责的内容。与单位总体应急预案的思路一致，单位专项应急预案的组织机构级别一般要低一级，由分管副职领导担任总指挥。重点部门应纳入成员单位，非重点部门可不纳入。事发单位的主管部门必须纳入专项指挥部。例如，如果某地区医院发生火灾要启动"火灾专项应急预案"，该应急预案的牵头部门一般是消防救援机构，行业主管部门必须参加专项指挥部。

（3）应急响应功能。突发事件的主题和规模情况各异，所需的应急响应功能也各不相同。核心功能一般包括接警与通知、应急指挥、人员疏散、险情控制等，可用头脑风暴法、思维导图等方法进一步完善功能清单。应急响应功能描述应全面，以指挥与控制功能为例，应明确：现场指挥部的设立程序，总指挥的职责和权力，指挥系统（谁指挥谁、谁配合谁、谁向谁报告），启用现场外应急队伍的方法，事态评估与应急决策的程序，现场指挥与应急指挥部的协调，与外部应急指挥之间的协调。每个应急响应功能应明确职责部门，可用文字描述或功能矩阵来表达，还要部门之间签订协议来落实。小型单位未必有足够的部门，但是每个功能的工作量会相应减少，一个部门可承担2个或更多功能。

（4）应急处置措施。根据事件后果，结合人力、物力资源情况明确抢险救援措施，往往是围绕一个大的主题应对多个不同的小事件。应急处置措施应能够应对事件的最大后果。以人员疏散为例，应明确：需进行人员疏散的紧急情况；谁有权发布疏散命令和通知疏散方法；有可能需要疏散人员的位置；对疏散人员数量及疏散时间的估测；对疏散路线的规定；对需要特殊援助群体，如学校、幼儿园、医院的人员疏散等。

这里需要特别指出的是，很多单位管理人员身兼数职，职能部门也肩负着多项职责。因此，编制单位应急预案的模式不同，更应注重单位应急预案的简洁性和实用性；要立足于本单位的风险隐患特点，在辨识和评估潜在重大风险、突发事件类型、事件发生的可能性、事件后果以及影响严重程度的基础上进行；并且应强化现场处置方案的编制工作，重视关键环节、重点岗位、重要目标应急预案的制定，加强单位应急预案的培训和演练，提高单位管理及从业人员的危机意识，以及现场处置和防灾避险、自救互救的能力。

三、单位应急预案的编制步骤

在一般情况下，单位在准备应急预案编制时，首要考虑的问题是明确应急预案的编制步骤。要编制一个完善的单位应急预案，一般有五个步骤：组建单位应急预案编制队伍、开展风险评估与应急能力分析、单位应急预案编制、单位应急预案评审与发布、单位应急预案实施。

1. 组建单位应急预案编制队伍

单位应急预案编制是一项特殊的工作，参与人员需要具有突发事件处置经验或相当的专业知识，即对参与编制的人员有一定的资质要求。

（1）人员构成的代表性。企业参与应急预案编制的部门相对政府而言要少一些，但一些关键部门一定要参与。例如，编制"企业生产安全事故应急预案"，以下部门的代表必须参与：企业安全生产负责人（总经理、副总经理），总工程师/技术负责人，保卫/安全管理部门负责人，各参加应急救援部门的负责人，外聘的应急预案专家、法律专家、标准编制专家等。对于事业单位，如学校，其应急预案编制人员一般应包括主管安全的校领导、学校办公室负责人、保卫部门负责人、医务室负责人、食堂负责人、体育教学部门负责人、实验室负责人等。

（2）人员资质的专业性

1）专业性体现在单位应急预案编制人员最好具备突发事件的处置经验。突发事件应急处置是一个惊心动魄的过程，需要很强的心理素质和专业知识与技能。如果有处置经验，对突发事件的认识就会很深刻，对处置过程中的各种工作内容，如人员安排、资源调配等就会非常熟悉，编制类似事件的应急预案时就能够把握实战的需要，提出切实可行的意见。虽然不能要求所有参与单位应急预案编制的人员都具备应急处置经验，但通常编写小组中至少应该有两三位参与过突发事件应急处置的人员，如来自公安机关、消防部门、应急管理部门、医疗救援部门的人员。其他没有参与过突发事件处置的人员，应通过观看应急处置纪实的视频，阅读案例报告，研究同类突发事件处置的经验教训来满足专业性的要求。

2）专业性体现在单位应急预案编制人员必须具备应急处置的专业知识。例如，编制"单位反恐怖预案"，一定要有懂得恐怖袭击规律和手段、武器和环境利用的反恐怖专家参与。

3）专业性体现在单位应急预案编制人员必须熟悉本单位的基本信息，如部门的人员、现有资源和职责范围，本部门相关的应急工作等。单位应急预案编制往往由编写小组执笔，但是在编制过程中或编制完成之后，要征求各部门的意见，在总结各方面意见后，最终制定合适的单位应急预案。

（3）人员身份的权威性。人员身份的权威性是指单位应急预案编制人员必须有足够的级别，能够代表其部门或机构在单位应急预案编制过程中作出决策和承诺。

2. 开展风险评估与应急能力分析

（1）风险评估。风险评估是在风险辨识和风险度量的基础上，综合考虑损失程度及其他因素，分析风险影响，并对风险状况予以综合评价的过程。单位应急预案若要体现科学性，就要对风险要素进行科学评估。在风险评估步骤中，要尽可能全面地考虑各种潜在的影响因素，对各种影响因素进行充分汇总，以汇总的结果判断各类风险的大小，根据风险评估结果有针对性地进行单位应急预案编制。单位必须在现有的风险评估资料的基础上开展风险评估，但因风险具有动态不确定性，所以还要考虑风险评估资料的时效性。由于单位应急预案编制的作用是尽可能地考虑最坏结果，做最严重级别的风险预测，因此只有具体细化各种突发事件类型，明确单位内部常发生风险的场所、设施和岗位，才能编制出针对性强、可操作性强的单位专项应急预案或现场处置方案。单位面对的突发事件类型要比政府面对的少得多,通常是从四大类突发事件风险清单做起,然后再针对单位的具体情况,进行细化和扩展。表1-1展示了中小学校突发事件的类型。

表 1-1 中小学校突发事件类型一览表

突发事件类型	具体描述
自然灾害	洪涝、台风、暴雪、地震等
事故灾难	楼堂馆舍发生火灾、建筑物倒塌、拥挤踩踏
	校车安全事故或涉校、涉生交通事故
	校园及周边水面、冰面溺水
	大型活动、体育课运动或器械导致的损伤
	造成重大影响和损失的后勤供水、电、气、热、油等事故
	高空跌落、烫烧伤、动物咬伤等其他造成严重后果的事故
	实验室爆炸、危险化学品泄漏等
	影响学校安全与稳定的其他人为事故灾难
公共卫生	学校内部突发的食物中毒、疫情、群体性不明传染病等
	学校所在地区发生的流感、疫情、群体性不明传染病等
	师生情绪异常、抑郁症等心理健康问题
	聚众吸毒等事件
社会安全	针对师生的各类恐怖袭击事件
	针对师生的个人极端暴力事件
	校园欺凌事件
	师生非正常死亡、失踪、拐卖等事件
	师生非法集会、游行、示威、罢课、罢餐等事件
	各种非法宗教活动、政治性活动事件
	校园人身伤害、盗窃、电信诈骗等案件
网络信息安全	学生沉迷网络严重影响学习生活
	对学生造成身心健康影响的不良网络信息传播事件
	利用网络传播有害信息,进行反动、色情、迷信等宣传活动
	窃取国家、教育行政部门、学校的保密信息、科研信息事件
	破坏校园网络安全运行事件
考试安全	国家重要考试作弊、罢考,考卷泄露、丢失等事件

（2）应急能力分析。应急能力分析是指针对各类紧急情况，确认现有的综合响应能力，包括各类应急资源。应急资源调查包括且不限于单位在紧急状况下可调用或申请的应急资源，一般分为人、财、物、管4类。人包括企事业单位应急队、技术支持、属地应急指挥机构、周边救援力量（包括协议和官方力量）；财主要指应急预备金，包括应急预备金的动用条件和可用额度；物包括抢险救援的设备设施、物资和药品清单等，有时还包括应急避难场所；管包括应急管理法制环境、现有预案情况、应急处置流程以及人员的安全意识等。应急能力分析应考虑每一种潜在紧急情况从发生、发展到结束所需要的资源。对每一种紧急情况应考虑以下问题。

1）所需要的资源与能力是否配备齐全。

2）外部资源能否在需要时及时到位。

3）是否还有其他可以优先利用的资源。如果答案是肯定的，可以继续下一步骤工作；如果答案是否定的，则应提出整改方案，如编制额外的应急程序、开展额外的培训等。

3. 单位应急预案编制

根据单位风险和应急能力的现状，按照法律、法规和本单位相关规定编制单位应急预案，确定具体的工作目标和阶段性工作时间表。编制工作任务清单要落实到具体的人员和时间，确定单位应急预案总体和各章节的结构，最后将单位应急预案按章节分配给每一位编写小组成员。在应急行动涉及外部机构时，应与相关人员事先沟通协调。

4. 单位应急预案评审与发布

单位应急预案编制完成后，应当组织开展单位应急预案的评审工作，包括内部评审和外部评审，以确保单位应急预案的科学性、合理性以及与实际情况的符合性。单位应急预案评审完成后，由单位管理者的代表签订并发布。

5. 单位应急预案实施

单位应急预案经批准发布后，单位各相关部门应当组织落实单位应急预案中的各项工作，如开展单位应急预案的宣传教育，保证每一个员工都熟悉单位应急预案的内容，定期开展单位应急预案的演练，检查单位应急预案的有效性和符合性，对单位应急预案存在的不足及时修正。

四、单位应急预案编制的注意事项

在编制单位总体应急预案、单位专项应急预案和现场处置方案时，要召集各部门和各二级、三级单位开会研究,充分沟通协调,做好内外部衔接。

1. 内部衔接

就单位总体应急预案、单位专项应急预案和现场处置方案的编制来说,要注重本单位内各部门之间和各二级、三级单位之间的衔接,做到纵向到底、横向到边,不留死角、紧密衔接。特别是单位各相关部门和各二级、三级单位的专项应急预案的编制,要充分进行沟通,要把组织机构、总指挥职责等内容沟通一致,将职责不清、推诿扯皮、程序繁杂等影响应急处置效率与效果的情况事先化解掉。在救援人员、救援物资和装备调用上减少中间环节,以推动各部门之间和各二级、三级单位实现相互协作、紧密配合,能够快速有效地开展应急处置,控制事态发展,减少损失。

2. 外部衔接

编制单位总体应急预案要充分考虑与地方政府、行业主管部门应急预案的衔接,要对政府和行业主管部门的应急预案进行评审,在职责、内容、程序上实现有机衔接,以便在发生突发事件时,能第一时间得到政府和行业主管部门的及时救援。

第二节 目标保卫

学习单元1　单位治安保卫重要部位确定

一、单位治安保卫重要部位的基础知识

1. 单位治安保卫重要部位的概念

单位治安保卫重要部位是指能够对单位生产经营、业务管理以及办公、生活等发挥关键作用，产生重大影响的部位。在实践中，由于各单位的性质、规模和影响不同，所以各个单位治安保卫重要部位的范围也会有所不同。但从共性上讲，凡是能够对单位的生产生活、经营管理产生关键作用和重大影响的部位，都要列入单位治安保卫重要部位的范围。

2. 单位治安保卫重要部位的特点

（1）性能特殊。单位治安保卫重要部位的性能特殊主要表现在以下方面。

1）秘密性强。单位的机要室、档案室、研究所等部门和生产关键部位，往往涉及大量的国家秘密、商业秘密或其他重要的不宜对外公开的事项。

2）价值性高。单位存放、安装、使用重要设备的部位和财物保管场所是单位治安保卫工作的重中之重。

3）危险性大。单位治安保卫重要部位涉及的危险物品最多，不仅使用的危险物品种类繁多、使用频率高，而且环节多，管理难度大。

（2）作用突出。单位治安保卫重要部位在单位的生产经营、业务管理、单位内部安全防范等方面都能够发挥特殊的作用和影响。单位治安保卫重要部位的作用和影响是其他部位和部门所不能替代的。

（3）影响重大。单位治安保卫重要部位的影响表现为以下两点。

1）损失重大。单位治安保卫重要部位由于人员、物资集中，且存在较多的危险物品，一旦发生安全问题，往往会造成重大的人员伤亡和较大的经济损失。

2）影响深远。单位治安保卫重要部位一旦发生问题，受到影响的不限于单位治安保卫重要部位本身，还会影响到社会治安和政治稳定。

3. 单位治安保卫重要部位的管理

单位治安保卫重要部位的管理是单位安全管理体系中的重要环节，确保其安全是实现单位全局安全的重要保障。《企业事业单位内部治安保卫条例》第14条规定：治安保卫重点单位应当确定本单位的治安保卫重要部位，按照有关国家标准对重要部位设置必要的技术防范设施，并实施重点保护。事实上，对单位治安保卫重要部位的保护不论是治安保卫重点单位还是非重点单位，都要采取切实措施予以加强。

二、单位治安保卫重要部位的确定

1. 单位治安保卫重要部位确定的原则

（1）服从全局原则。单位治安保卫重要部位是相对于单位其他部位而言的，"重要"是一个相对概念。如果离开单位这一特定范围，单位治安保卫重要部位的重要性和特殊性就无从谈起。单位治安保卫工作要服从、服务于单位安全这一最终目标，在这一目标下，任何一项安全管理措施，都要围绕这个中心来开展工作。单位治安保卫重要部位的确定，要严格把握其是否能发挥关键作用，能否产生全局影响，作出合理的评判和抉择。

（2）调查研究原则。单位安全管理的所有要素和目标都具有不同的属性，发挥着不同的作用。要从中甄别出哪些部位和环节对单位安全具有关键性的作用和影响，就必须加强调查研究，充分掌握它们的性能、形态、作用及容易发生的问题及后果。在全面把握各部门、部位综合情况的基础上，运用一定的科学方法和手段，从中遴选出性能特殊、作用突出、影响重大的部位和环节，确定为单位治安保卫重要部位，进行特别管控。

（3）实事求是原则。单位治安保卫重要部位的确定应当实事求是，遵循科学规律，主要把握好以下两点。

1）因地制宜，具体情况具体分析。单位与单位之间的差别很大，即使是同一个系统、行业的单位，也会因处在不同的城市、不同的经营规模和不同的外部治安环境而表现不同的安全状况。因此，确定单位治安保卫重要部位要结合本单位的实际安全需求，有多少单位治安保卫重要部位就确定多少，不可盲目攀比。

2）因时制宜，与时俱进。同一个单位的治安保卫重要部位也会因不同的发展阶段、不同的安全需求而发生价值和作用的变化。要根据本单位的实际情况定期对单位治安保卫重要部位作出评估，及时调整单位治安保卫重要部位的范围和保护方案，这样才能使治安保卫工作与单位的安全需求保持一致。

（4）宽严相济原则。宽严相济是通过对宽严度的把握来控制单位治安保卫重要部位的数量和规模。一个单位治安保卫工作的人力和物力是相对固定的，能够应用到单位治安保卫重要部位的保护工作的资源也是有限的。因此，必须把握好单位治安保卫重要部位确定中"关键"和"重要"的标准。标准过严就会导致单位治安保卫重要部位过少，不利于单位安全的总体保障；标准过宽就会导致最终确定的单位治安保卫重要部位过多，重要目标等同于一般目标，使单位治安保卫重要部位的保护工作失去了意义，同时单位治安保卫重要部位过多也会使保护措施跟不上而出现防范真空。

2. 单位治安保卫重要部位确定的要求

（1）准确性。准确性是指最终确定的目标必须符合单位治安保卫重要部位的基本属性，即能够对单位的生产生活和经营管理活动全局发挥关键作用和产生重大影响。凡符合这一标准的目标，原则上都应当划入单位治安保卫重要部位的范围，凡不符合这一标准的，都要列入一般目标，不再进行特殊保护。如果确定工作不能做到准确性，就会使单位治安保卫工作失去精准度，浪费人力、物力或使单位治安保卫工作存在重大漏洞。要做到准确性，就要从单位实际出发，具体分析，根据各地区、行业系统、单位的不同情况来研究、确定单位治安保卫重要部位。就地区而言，大城市相对小城市的治安保卫重点单位多，重要科研单位、大型企业等多，单位治安保卫重要部位自然就会多。各系统的现代化、社会化程度高，一旦发生问题，后果更为严重。就行业而言，如核工业、化学工业比机械工业的单位治安保卫重要部位多，是由生产业务的性质和特点决定的。化工生产易燃易爆、易中毒、高温、高压、腐蚀等特点，在生产中危险性大，发生问题后果严重。总之，地区、行业、单位之间的差别很大，应从本单位的实际情况出发，通盘考虑。既要注意主要仪器设备，又要注意生产工艺流程；既要注意可能发生重大灾害事故的部位，又要注意可能影响产品质量的部位；既要注意生产的指挥决策部位，又要注意重要的动力部位。不同单位的治安保卫重要部位的数量、类型都不可能一样。此外，确定单位治安保卫重要部位要从实际出发，谨防主观臆断。有些治安保卫管理人员不能很好地从本单位的情况出发，缺乏全面客观的调查研究，缺乏对有关部位、环节的准确判断。没发生问题时，思想麻痹，本来应属单位治安保卫重要部位的也被视为一般部位；一旦发生问题，往往又走向另一极端，一般部位也被视为单位治安保卫重要部位。这样势必影响确定单位治安保卫重要部位的准确性。

（2）稳定性。稳定性是指在单位治安保卫重要部位确定后，在较长时间内不会作出重大调整，使单位治安保卫重要部位的保护工作具有较好的连续性和传承性。单位治安保卫重要部位的保护方案和措施，要经过科学的论证和缜密的部署，有较强的技术性和专业性以及较好的稳定性。在实践中，单位治安保卫重要部位如秘密部位、动力部位、关键的生产部位等不需要经常调整。论证确定单位治安保卫重要部位并制定保护措施后，应按管理单位治安保卫重要部位的有关档案要求，填写单位治安保卫重要部位审定（撤销）书。写清单位治安保卫重要部位的名称、确定的理由、保护措施，以及在岗人员的基本情况、保卫力量状况等方面的内容，上报本单位主管领导，由本单位领导研究确定。这样做可以提高员工对单位治安保卫重要部位重要性的认识，动员员工自觉地遵守有关的规章制度、落实保护措施，提高员工的警惕性和安全防范意识，注意发现犯罪活动线索和事故隐患，共同保护单位治安保卫重要部位的安全。

（3）灵活性。灵活性是指单位治安保卫重要部位确定要因地制宜和因时制宜，使单位治安保卫工作与单位的安全需求保持高度一致。当单位治安保卫重要部位的构成条件变化后，应当及时进行调整。随着经济发展和社会进步，单位治安保卫工作面临的形势也在不断变化。各部门和部位在单位治安保卫工作中发挥的作用也在变化。如果不能及时调整单位治安保卫重要部位的数量和范围，必将导致单位治安保卫工作与单位安全管理工作脱节，从而出现混乱的局面。单位治安保卫重要部位的构成条件变化分为以下两种情况。

1）某些单位治安保卫重要部位本身的条件发生了变化。可分为两种情况：一是某些部位原来的作用不大，影响面小，但随着设备的更新换代、生产流程的变化，其作用日益重要，以至对生产、科研的全局具有决定性的影响。二是某些部位原来很重要，但现已发生变化，原来构成单位治安保卫重要部位的条件、因素已不复存在。

2）某些单位治安保卫重要部位尽管本身的条件没有变化，但随着生产、科研等业务活动的发展变化，其原有的作用和影响下降。

对上述两种变化，应具体分析、及时进行合理调整，真正做到突出并确保单位治安保卫重要部位的安全。单位治安保卫重要部位确定的灵活性要求是与稳定性要求相对应的，在实践中要充分协调好二者之间的关系，既要保证单位治安保卫重要部位的相对稳定，又要适度灵活，合理调整，实现稳定性与灵活性的和谐统一。

学习单元2　单位治安隐患识别

一、单位治安隐患识别的方法

1. 安全检查表法

（1）安全检查表法的概念。在很多情况下，我们需要在最开始的时候列出基本信息以及常见的治安隐患和多发的治安问题，然后针对清单中的问题与实际发现的治安隐患进行比对，这种列清单的方法被称为安全检查表法。安全检查表法是将一系列项目列出检查表进行分析，确定系统、场所的状态是否符合安全要求，通过检查发现系统中存在的安全隐患，提出改进措施的一种方法。检查项目可以包括场地、周边环境、设施、设备、操作、管理等各方面。这种方法借助过去的保卫经验和教训，多是以问题的形式出现。安全检查表法旨在帮助治安隐患识别主体全面、充分地考虑治安状况的每一个方面。安全检查表可以根据以往的治安事件和问题制作，也可以针对某一活动、行为或者项目专门制作。安全检查表应该是一个动态文件，需要进行审核并定期更新。

（2）安全检查表法的目标。安全检查表法分析的目标包括以下三个方面。

1）识别与社会治安有关的人、物、场所、治安现象，在社会活动中出现的全部的可能性危害和遭受的损失。

2）识别需要进行的控制和防范措施。

3）检查现有的控制和防范措施是否符合相关规定和要求。

（3）安全检查表法的优势。安全检查表是一个与潜在治安危害范畴相关的问题和隐患列表，根据系统分析、运行历史以及以往的治安事件和未遂治安事件的经验开发而来。应用安全检查表法并不需要特殊的技能,但是治安隐患识别主体必须始终高度关注细节,坚持不断地收集信息,将实际情况与表中的隐患一一对照分析。安全检查表法的主要优势包括以下五个方面。

1)非治安隐患识别专家、非保卫人员也可以使用。因为安全检查表具有多样性,普通的群众也可以针对某个地区、某一项问题列出自己的治安隐患安全检查表。并且安全检查表的使用比较简单,不会因为专业知识的欠缺而无法使用。

2)可以利用之前治安隐患识别和评估中积累的经验。因为安全检查表不是一成不变的,需要根据之前的经验来对其进行改进和完善。

3)可以保证常见和更加明显、突出的治安问题和隐患不被忽略。

4)可以在设计阶段发现治安隐患,否则在此阶段后,这些治安隐患很容易被忽略。

5)制作安全检查表只需要最少量的基础治安信息。

(4)安全检查表法的局限。安全检查表法的主要局限包括以下三个方面。

1)受到以前经验的限制,因此难以发现动态的、新出现的治安隐患或者治安状况发生变化导致的新隐患。

2)会漏掉一些之前没有见过的治安隐患。

3)不鼓励创造性思维,对于相关治安隐患的本质认知也有限。

【案例1-1】

编制安全检查表

情景描述:某厂保卫处拟开展一次节前消防安全大检查。请以车库为例,编制一份安全检查表。

案例分析:安全检查表的编制需要以下三步。

第一步:确定系统——手持灭火器安全检查表。

在进行车库消防安全检查时,要做什么样的安全检查表,应先确定具体的系统。系统边界划定不同,内容也就大不一样。例如,车库应设置灭火器,车库位置与明火火源的距离,车库照明电线的设置要求等。当系统确定以后,就应针对所确定的系统,通过标准法规、经验教训、安全要求等,找出系统的隐患点。

第二步：找出隐患点。

（1）灭火器数量不够。

（2）灭火器放置位置不当，难以被人看到。

（3）通往灭火器的通道不畅通。

（4）灭火器失效。

（5）灭火器选型不当。

（6）工作人员不熟悉灭火器的操作。

（7）禁止使用的灭火器类型未更换。

（8）未在所有规定的地点配备灭火器。

（9）有可能冻结的灭火器未采取防冻措施。

（10）用过的或损坏的灭火器未更换。

（11）工作人员不知道自己工作区域内灭火器的位置。

（12）车库内无必备的灭火器。

第三步：确定项目与内容，编制安全检查表（见表1-2）。

表1-2 手持灭火器安全检查表

序号	检查项目	是"√"否"×"	备注
1	灭火器的数量足够吗？		
2	任何人都能迅速看到灭火器吗？		
3	通往灭火器的通道畅通无阻吗？		
4	每个灭火器都有有效的检查标志吗？		
5	灭火器对所要扑灭的火灾适用吗？		
6	工作人员都熟悉灭火器的操作吗？		
7	禁止使用的四氯化碳灭火器已被其他类型灭火器替换了吗？		
8	在所有的规定地点都配备了灭火器吗？		
9	灭火剂有可能冻结的灭火器采取防冻措施了吗？		

2. 头脑风暴法

（1）头脑风暴法的概念。头脑风暴法出自"头脑风暴"一词。所谓头脑风暴（brain storm）最早是精神病理学上的用语，指精神病患者的精神错乱状态，如今转为无限制的自由联想和讨论，其目的在于产生新观念或激发创新设想。在群体决策中，由于群体成员心理相互作用影响，易屈从于权威或大多数人的意见，形成所谓的"群体思维"。群体思维削弱了群体的批判精神和创造力，损害了决策的质量。为了保护群体决策的创造性，提高决策的质量，在管理上发展了一系列改善群体决策的方法，头脑风暴法是较为典型的方法。头脑风暴法是借助众多成员创造性思维的一种直观预测和隐患识别的方法。由于识别治安隐患需要掺杂主观判断，不能由某个人独立判断，应集思广益，避免出现识别的差错。

头脑风暴法中有主持人、记录员、专家和参与者四种角色，每个角色都有特定任务（见图1-2）。

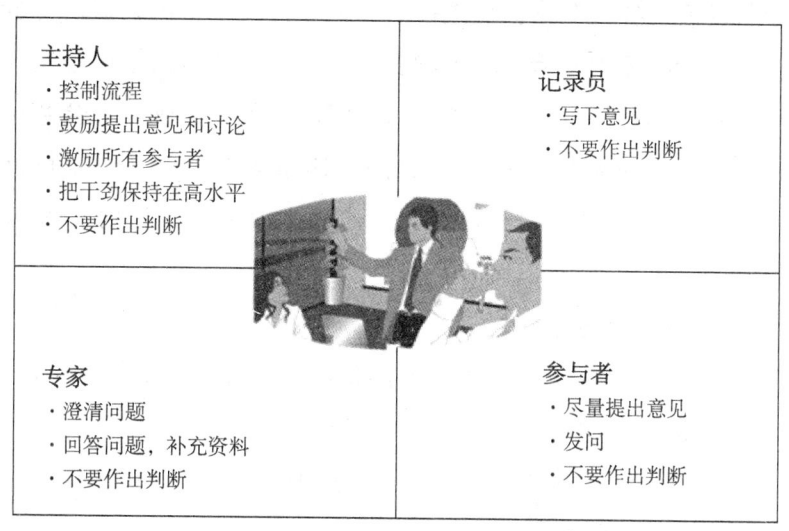

图1-2　头脑风暴法中的角色任务

（2）头脑风暴法的流程。头脑风暴法从明确讨论主题到得出结果，通常包括7个步骤（见图1-3）。

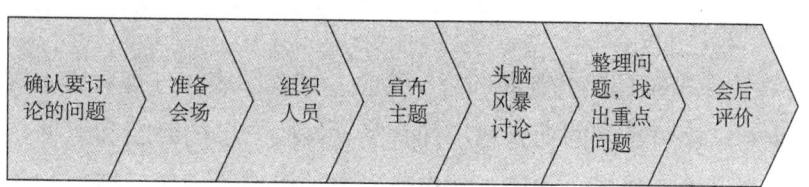

图1-3　头脑风暴法流程图

（3）头脑风暴法的优势。头脑风暴法的优势是可以让参与者针对治安隐患畅所欲言、充分交流。在会议中，可以互相交流自己识别出的治安隐患，相互启迪，产生大量的创造性意见。由于治安隐患具有不确定性，不能只借助以往的治安事件和经验教训来识别。安全检查表法只能通过分析以往的经验和常见的隐患来进行识别。因此，头脑风暴法的创造性对于治安隐患识别来说是极其珍贵的。头脑风暴法更适用于对一些简单治安隐患的识别，如保卫人员可以针对单位治安隐患运用头脑风暴法，充分发挥保卫人员的创造性思维，集思广益。在会议中，参与者只能发表自己的意见，或者根据别人的发言修改自己的意见，而不是反驳别人的意见。

3. 德尔菲法

（1）德尔菲法的概念。德尔菲法又称"专家调查法"，本质上是一种反馈匿名函询法，大致流程是在对所要识别的问题征得专家的意见之后，进行整理、归纳、统计，再匿名反馈给各位专家，再次征求意见，再集中，再反馈，直至得到一致的意见。它是将所需识别的治安隐患以及基本的治安情报信息单独发送到各位相关专家的手中，征询意见，然后汇总全部专家的意见，整理出综合意见。随后将综合意见和所需识别的治安隐患和信息再分别反馈给专家，再次征询意见，各位专家再次提出自己的意见，然后再汇总。这样多次反复，最后取得相对一致的结果。

（2）德尔菲法的实施步骤

1）确定调查题目，拟定调查提纲，准备向专家提供的资料（包括识别目的、期限、调查表以及填写方法等）。

2）组成专家小组。按照所需要的知识范围确定专家。专家人数的多少，可根据涉及范围而定，一般不超过20人。

3）向所有专家提出所要识别的治安隐患及有关要求，并附上有关治安隐患的所有背景材料，同时请专家提出还需要什么材料，然后由专家作书面答复。

4）各位专家根据所收到的材料，提出自己的意见，并说明自己是怎样利用这些材料并提出意见的。

5）将各位专家第一次的判断和意见汇总，列成图表，进行对比，再分发给各位专家，让专家比较自己同他人的不同意见，修改自己的判断和意见。也可以把各位专家的意见加以整理，或请其他权威专家加以评论，然后把这些意见再分发给各位专家，以便他们参考后修改自己的意见。

6）将所有专家的修改意见收集起来，汇总，再次分发给各位专家，以便做第二次修改。逐轮收集意见并向专家反馈信息是德尔菲法的主要环节。收集意见和信息反馈一般要经过三四轮。在向专家进行反馈的时候，只给出各种意见，但并不说明发表意见专家的具体姓名。这一过程反复进行，直到每一位专家不再修改自己的意见为止。

7）对专家的意见进行综合处理。德尔菲法中的专家之间不得互相交流、辩论，多轮次汇总专家识别出的治安隐患，经过反复征询、修改，最后汇总成专家一致的识别意见。

（3）运用德尔菲法的注意事项。用德尔菲法识别治安隐患是基于专家的专业知识，从专业角度对潜在治安隐患进行识别。德尔菲法的优势在于它比头脑风暴法更加准确，因为它通过对专家反复的匿名咨询，充分发挥各位专家的作用，集思广益，结果比较精确、可靠。用德尔菲法进行治安隐患识别时应注意以下问题。

1）挑选的专家应有一定的代表性、权威性。

2）在进行识别之前，应取得专家的支持，确保他们能认真地进行每一次识别，以提高识别的有效性。同时也要向单位高层说明识别的意义和作用，取得决策层和其他高级管理人员的支持。

3）设计问题表应措辞准确，不能引起歧义；征询的问题一次不宜太多，不要问那些与识别目的无关的问题，列入征询的问题不应相互包含；所提的问题应是所有专家都能答复的问题，而且应尽可能保证所有专家都能从同一角度去理解。

4）进行统计分析时，应该区别对待不同的问题，对于不同专家的权威性应给予不同权重，而不是一概而论。

5）提供给专家的信息应该尽可能充分，以便其作出判断。

6）只要求专家作出粗略的数字估计，而不要求十分精确。

7）问题要集中，要有针对性，不要过于分散，以便使各个事件构成一个有机整体。问题要按等级排列，先简单后复杂，先综合后局部，以引起专家回答问题的兴趣。

8）调查单位或领导小组意见不应强加于调查意见之中，要防止出现诱导现象，避免专家意见向领导小组靠拢，以致得出专家意见迎合领导小组观点的结果。

9）避免组合事件。如果一个事件包括专家同意的和专家不同意的两个方面，专家将难以作出回答。

4. 隐患日志法

隐患日志法并不是一种直接的治安隐患识别方法，它类似于安全检查表法，是记录治安隐患和潜在治安问题的有效工具，还可以保证信息及时更新。隐患日志也可以称为隐患记录簿，是用来记录威胁单位治安秩序稳定的所有治安隐患的日志。它可以提供以往治安隐患的对照信息，同时也可以将识别出的治安隐患归纳总结，供以后应对类似的治安隐患参考。

二、单位治安隐患识别的步骤

研究如何识别单位治安隐患，除了研究针对一般情况的识别方法，应该按照单位治安隐患的载体分类，结合以往的治安事件，探析在各类具体的治安隐患源中如何识别单位治安隐患。可以使用前文所述的头脑风暴法、德尔菲法等，把识别对象中可能危害治安秩序的因素总结出来，将存在于人、物、场所、信息中的异常状态、治安隐患的征兆罗列出来，制作治安隐患矩阵，把单位治安隐患表述出来，为人所用。

1. 计划和准备

为了准确地识别单位治安隐患，为治安管理和治安防范工作服务，需要非常精心地计划和准备过程。这个阶段的工作应包括以下几点。

（1）明确由谁来识别单位治安隐患。明确单位治安隐患的识别者是计划和准备工作的首要任务，因为不同的识别者识别的出发点不同，使用的方法、对于识别结果的期望等都有所不同。单位治安隐患的识别者包括负有保卫职责的识别者和无保卫职责的识别者，两种识别者识别单位治安隐患的目的有所不同。

1）负有保卫职责的识别者。负有保卫职责的识别者是在其职责范围内为了识别和管控单位治安隐患，尽可能降低异常状态的人、物、场所和信息危害单位安全的可能性而进行的单位治安隐患识别工作，因此可能需要得出相对全面、精确的结果，考虑到识别对象的每一个方面和细节。

2）无保卫职责的识别者。无保卫职责的识别者最主要的任务是识别出事关自己切身利益的异常现象，规避对自己可能造成的伤害，因此无保卫职责的识别者使用的识别方法和得出的识别结果比较简单，要求相对较低。

（2）明确单位治安隐患识别的目标。只有明确所要达到的识别目标，才能保证单位治安隐患识别过程不出现偏差。识别目标可以分解成为若干个小的目标，在通常情况下，要先对单位治安隐患的识别对象按照治安隐患源的分类标准进行划分，找出针对每一类治安隐患源的识别目标，便于具体操作。例如，导致某单位火灾的原因有易燃易爆物品的异常状态、安检人员的异常行为、消防设备的异常状态等，就可以把单位治安隐患识别的目标拆分成识别易燃易爆物品的异常状态，识别安检人员的异常行为，以及识别消防设备的异常状态等。接下来根据每一个子目标，分析出更加详细的识别目标，以便于更加准确地识别和分析所要识别的单位治安隐患。

（3）保卫工作经验的分析。单位治安隐患的一个重要特点是可以从以往发生的事件中获得经验和教训，通过分析已发生的事件来总结今后所要防范的单位治安隐患。因此，以往的保卫工作经验十分重要。只有通过以往发生过的情况与现实情况进行对比，才能更加有利于发现单位治安隐患。保卫工作经验可以从以往发生的治安问题和案（事）件、以往保卫工作成功经验和失败教训中获得。获得以往的保卫工作经验必定需要对以往发生的治安问题和案（事）件进行分析，总结出类似单位治安隐患的共性，对比现实的单位治安隐患识别对象，得出识别结果。另外，保卫工作经验的获取应当着重通过分析所罗列的治安事件造成的后果，结合具体面对的治安状况去估计可能发生的损害结果。可用于分析的治安事件后果包括以下情况。

1）单位治安隐患演变最可能的情况。

2）单位治安隐患演变可以想象的最坏情况。

3）单位治安隐患确实有可能发生的最坏情况。

除了治安问题和治安事件及其后果，成功的治安防范和管理经验也应当作为保卫工作经验进行分析。可以总结以往的成功案例，分析做法的优越性。

2. 识别单位治安隐患

识别单位治安隐患是确定治安隐患是否存在以及可能后果的关键一步。首先要明确识别对象属于异常行为、异态物位、异样场所还是异传信息，其次要细化识别对象。通过识别和确认对被保护对象已经采取的实体结构、人力防护系统、安全程序等措施，分析薄弱环节，并提出减少或缓解这些薄弱环节的方法。通过识别单位治安隐患，可以暴露单位治安防范过程中的脆弱环节（脆弱点）。

3. 确定单位治安隐患等级

隐患属于一种潜在的可能性，识别和评价隐患必须对隐患分级。在识别单位治安隐患时，要针对分析的异常现象和异常状态确定一套单位治安隐患等级，即应确定何种异常的现象和状态被纳入单位治安隐患范围。单位治安隐患的等级仅供单位治安隐患识别主体参考，需要结合识别主体对于实际情况的主观判断来确定最后的识别结果。确定单位治安隐患等级时，需要借助头脑风暴法等创新思维方法，以及使用安全检查表法，罗列过往的异常状态所造成的各类单位治安隐患及其发生概率和严重性。

三、单位治安隐患的治理

1. 单位治安隐患治理的基本思路

（1）坚持问题导向的理念。坚持历史的观点，对单位治安隐患进行全面梳理，正视存在的问题。坚持变化的观点，紧盯不同时期、不同节点的形势任务，牢牢把握单位治安隐患的动态变化。坚持发展的观点，围绕社会经济转型升级、企业深化改革、保卫工作机制创新、民生民意需求等，充分预想可能出现的新隐患。只有找准、找全单位治安隐患，由表及里剖析深层次原因，才能对其源头准确定性、定位，提高治理的针对性、有效性。

（2）以底线思维为着眼点。以"大事不出、小事少出、有事及时有效处置"为目标，思考落实单位治安隐患治理的相关措施。严格工作标准，对所有单位治安隐患坚持"源头不明不放过、责任不清不放过、治理不实不放过"。增强风险意识，把风险预测评估作为各项工作开展的前提条件，高度关注单位治安隐患的客观性、动态性和辐射性，促进对隐患源头的扩大分析、预警提示和有效治理，防止危害结果发生。

（3）以主动作为为抓手。保卫部门应主动思考，牢固确立敏锐、超前的思想和行为习惯，组织开展各项工作时要对存在的单位治安隐患考虑在前，把单位治安隐患的源头探究明白，进而提高保卫工作的针对性、实效性。要主动担当，坚决摒弃畏难情绪和各种错误认识，真正把单位治安隐患源头治理作为重要职责，贯穿于单位治安保卫工作全过程。

2. 单位治安隐患治理的流程

对单位治安隐患识别结果进行汇总并登记后，就进入隐患治理流程。单位治安隐患治理主要包括以下步骤。

（1）建立单位治安隐患治理台账，落实治理责任人、治理完成时间、治理措施和临时防范措施、治理资金、验收标准及验收人。

（2）治理责任人按照治理措施完成治理（如需临时防范措施，还应在治理期间落实临时防范措施）并上报验收人。

（3）验收人按验收标准对隐患治理情况进行评估，评估合格同意单位治安隐患闭环，评估不合格要重新进行治理。

（4）定期对单位治安隐患排查及治理情况进行统计分析。具体应重点关注两个方面：一是同一类型的单位治安隐患是否存在反复发生的情况，要深入剖析原因，分析是否存在制度、机制缺陷，以及之前治理措施的有效性，以便持续改进；二是在同一区域内发现单位治安隐患的数量是否存在持续增长的情况，对于持续增长的区域，要重点分析造成这种现象的原因。

3. 单位治安隐患治理的机制建设

（1）总结评估机制。坚持边治理边总结，及时评估单位治安隐患治理中的做法，不断完善信息采集、隐患识别、风险评估、安全预警等环节，推进单位治安隐患治理的优化深化。牢固树立"变化就是风险"的理念，跟进人、事、物、地等要素的变化，持续改进治理措施，特别是重点围绕存在的不足，仔细查找和客观分析工作中不完善、不细致、不到位的地方，不断改进和丰富方法、手段，切实提高单位治安隐患治理的实效。

（2）考核评价机制。围绕单位治安隐患治理，进一步调整完善管理考核激励机制，确立科学的工作导向和正确的价值取向。强化对治理主体的考核制约，依托平安创建、综治考核等，实行严格的责任追究制，提高工作的警示性，有效防止各类问题发生。坚持以正向激励为主，采取推广经验、现场交流等方式，提高工作的示范性，全面推动单位治安隐患治理的开展。

（3）综合保障机制。健全组织保障，组建治理专门机构，实现单位治安隐患治理的合成化。例如，对单位的重点关注人员，积极构建家庭负责、邻里联控、单位管控等合成管控机制，有效防止发生问题。强化投入保障，加大现代科技设施、设备的投入，堵塞安全防范漏洞，并依托科技优化资源配置进一步提升单位治安隐患治理的质效和水平。

4. 单位治安隐患治理的具体措施

（1）源头性排查。坚持属地排查与系统排查相结合，严格落实区域负责、岗位负责和专业负责制，对单位治安隐患实施全方位、无缝隙、滚动式排查，切实扩大覆盖面和提高精准度。坚持定期排查与集中排查相结合，定期开展源头性排查梳理，实现常态化、规范化运作。根据形势任务需要和重要节点，集中开展全面排查和专项治理，及时发现和处置各类治安隐患。坚持上下联动排查，对排查出的各类治安隐患分类分级，统一入库，跟进管控，确保各类治安隐患及源头因素全部纳入治理范围。

（2）前端化管理。加强风险评估，找准单位治安隐患发生的原因、预测隐患可能带来的危害，在既有条件下积极引导，最大限度地使之处于受控状态。加强预警提示，根据分析评估结果，及时发布风险预警，做到未雨绸缪，有备而战。例如，对重点关注人员管理，加强基础工作，强化信息采集，做到"底数清、情况明"。加强应急处置，充分预想可能出现的危害结果，不断健全完善各类应急处置预案，实现快速联动响应，及时高效处置。

（3）闭环式治理。区分不同类别、不同等级的单位治安隐患，立足"零瑕疵、零漏洞"，有意识地扩大单位治安隐患源头的排查范围，推动单位治安隐患治理措施的强化升级。找准单位治安隐患所在区域、领域和时间节点，从源头上进行定向干预和治理。善于从不同的单位治安隐患中查找共同的本质属性和诱因，开展并案治理，提高工作效率。落实复查核实，开展定期回访、跟踪盯控，实现常态管控、加固升级。

第二章 技术防范

第一节 系统工程建设管理

学习单元1 入侵和紧急报警系统

一、入侵和紧急报警系统的基础知识

1. 入侵和紧急报警系统的概念

入侵和紧急报警系统是利用传感技术和电子信息技术探测并指示非法进入或试图非法进入保护区域（包括主观判断面临被劫持或遭抢劫或其他危及人身安全等情况时，主动触发紧急报警装置）的行为、处理报警信息、发出报警信息的电子系统或网络。

2. 入侵和紧急报警系统的功能

入侵和紧急报警系统在警戒工作状态下，利用各种报警器构成警戒点、警戒面或警戒空间，有机地交织在一起形成一个立体安全防范识别网，对各种非法入侵行为进行确认和报警。入侵和紧急报警系统可以在保护区域内发生入侵、破坏或人身受到威胁伤害等情况时，指示报警发出的部位，及时通知相关人员采取必要的应对措施。

二、入侵和紧急报警系统的主要类型及特征

1. 单控制器型入侵和紧急报警系统的特征

单控制器型入侵和紧急报警系统具有一个控制指示设备，组成结构简单，具备基本应用功能。

2. 本地联网型入侵和紧急报警系统的特征

本地联网型入侵和紧急报警系统由一个或多个入侵和紧急报警系统及一个本地报警接收中心组成，具备本地联网报警功能。

3. 远程联网型入侵和紧急报警系统的特征

远程联网型入侵和紧急报警系统由一个或多个入侵和紧急报警系统及一个或多个报警接收中心组成，至少具有一个远程报警接收中心，能够成为区域联网报警中心。

三、入侵和紧急报警系统的主要功能和技术应用基本要求

入侵和紧急报警系统的主要功能是对保护区域内各种非法进入、强行闯入以及撬、挖、凿等破坏行为，进行实时有效的探测与报警。因此在入侵和紧急报警系统项目规划、设计、设置和安装阶段，应结合保护对象的风险防范要求和现场环境条件等因素，选择匹配的入侵和紧急报警系统的类型、设备及安装位置，构成一个立体综合防护系统。入侵和紧急报警系统根据安全等级，应满足探测报警、防拆报警、被破坏/故障报警、功能/权限设置、胁迫报警、指示报警、被入侵/非法操作报警、防止误报警与漏报警等要求。

1. 安全等级

入侵和紧急报警系统的安全等级是选择系统的重要性能指标。根据相关国家标准，入侵和紧急报警系统分为4个安全等级，实际应用的入侵和紧急报警系统设计、安装应与安全等级的要求相符合。

（1）安全等级1级。入侵和紧急报警系统安全等级1级是入侵和紧急报警系统最低的安全等级要求，通常应用于资产价值有限、安全威胁较小、风险低的防护对象，如办公场所、一般物品仓库等。

（2）安全等级2级。入侵和紧急报警系统安全等级2级是入侵和紧急报警系统中低的安全等级要求，通常应用于资产价值较高、安全威胁较高、风险较高的防护对象，如重要成品仓库、重要凭证仓库和重要办公场所等。

（3）安全等级3级。入侵和紧急报警系统安全等级3级是入侵和紧急报警系统中高的安全等级要求，通常应用于资产价值高、安全威胁高、风险高的防护对象，如存放价值较高的成品或材料仓库、存放重要文件的场所等。

（4）安全等级4级。入侵和紧急报警系统安全等级4级是入侵和紧急报警系统最高的安全等级要求，通常应用于资产价值很高、安全威胁很高、风险很高

的防护对象，如危险品仓库、剧毒品仓库、枪支弹药库、贵金属库房、银行金库等。

在入侵和紧急报警系统的安全等级设计要求中，所有设备的安全等级不应低于系统的安全等级，即入侵和紧急报警系统的安全等级取决于安全防范系统中安全等级最低的那个设备或部件的安全等级，多个入侵和紧急报警系统共享部件的安全等级应与各系统中最高的安全等级一致。

2. 探测报警

入侵和紧急报警系统应能准确、及时地探测入侵行为、触发紧急报警装置，并发出入侵报警信号、紧急报警信号，应遵循"$T_{探测}+T_{延迟} \geq T_{反应}$"的原则。

当入侵和紧急报警系统处于布防状态时，能够对保护区域进行探测、发现和确认各类入侵行为，并持续发出报警信号，确保信息发送成功。为此，应选择匹配的产品类型、规格参数、设置方式和安装位置，从而实现实时有效的探测与报警。

3. 防拆报警

当入侵和紧急报警系统的设备被替换或外壳被打开时，系统应能发出报警信号，告知保卫人员采取必要的应对措施。

4. 被破坏/故障报警

当入侵和紧急报警系统报警信号传输线路断路/短路，探测器电源线被切断，或者系统设备出现故障时，系统应能发出报警信号。

5. 功能/权限设置

入侵和紧急报警系统应能按时间、区域、部位和应用要求，对全部或部分探测回路（防区）的瞬时防区、24 h防区、延时防区、设防、撤防、旁路、传输、报警、胁迫报警、用户权限等功能进行设置。

6. 胁迫报警

用户应能根据权限类别不同，按时间、区域、部位对全部或部分探测防区进行自动或手动设防、撤防、旁路等操作，并应能实现胁迫报警操作。

7. 指示报警

入侵和紧急报警系统应能对入侵、紧急、防拆、故障等报警信号来源、控制指示设备以及远程信息传输工作状态有明显清晰的指示。

8. 被入侵/非法操作报警

当入侵和紧急报警系统出现入侵、紧急、防拆、故障、胁迫等报警状态和非法操作时，系统应能根据不同需要在现场和（或）监控中心发出声、光报警信号。

9. 防止误报警与漏报警

入侵和紧急报警系统不得有漏报警，误报警率应符合设计任务书的要求。

10. 入侵和紧急报警系统的应用功能和技术应用基本要求

入侵和紧急报警系统的应用功能和技术应用基本要求，如系统应能实时传输各类报警信号/信息、控制指示设备运行状态信息和事件信息。当传输系统受到来自保护区域外部的影响时，安全等级4级的系统应采取特殊措施以确保信号或信息不被延迟、修改、替换或丢失。入侵和紧急报警系统应能对系统操作、报警和有关警情处理等事件进行记录和存储，且不可更改。安全等级2级、3级和4级的系统还应具有记录等待传输事件、事件发生的时间和日期的功能。安全等级3级、4级的系统应具有永久保存事件记录的功能。入侵和紧急报警系统的报警响应时间应满足本地2 s和远程20 s的标准规范。在重要区域和重要部位发出报警的同时，入侵和紧急报警系统应能触发联动报警现场的视（音）频信号。

入侵和紧急报警系统应用的其他要求可以通过查询相关的标准和产品（系统）技术文件，获得更详细的信息。

学习单元2　视频监控系统

一、视频监控系统的基础知识

1. 视频监控系统的概念

视频监控系统是利用视频技术探测、监控保护区域，并实时显示、记录现场图像和声音的电子系统或网络。视频监控系统以摄像机获取保护区域的视（音）频信号，通过传输系统将视（音）频信号传输到控制主机和图像显示装置。操作人员可以对前端摄像机、云台、视频图像显示模式等进行控制，也可以对视（音）频信号进行录入、回放、调出及转移储存等操作。

2. 视频监控系统的功能

视频监控系统以视（音）频信号直观丰富、信息完整准确、传递及时可靠等优势而广泛应用于重要单位、重要部位、重要设备、重要人员等场合。近年来，随着计算机、网络以及图像处理、传输技术的飞速发展，视频监控系统作为一项子系统技术，在安全防范系统中占有重要的、不可替代的地位。视频监控系统可以成为安全防范系统技术集成、功能集成的核心，并进行功能的扩展，实现与其他子系统（如入侵和紧急报警系统、出入口控制系统）的功能联动、信息共享，形成统一、高效的安全防范管理控制平台。

二、视频监控系统的主要类型及特征

1. 简单对应型视频监控系统的特征

简单对应型视频监控系统由安装在被监控场所的前端摄像机设备摄取现场图像，通过传输装置将视频信号和各种控制信号传输给监控中心的处理/控制/监视/记录设备。后端的显示/记录设备主要是对系统传过来的视频信号进行图像还原和存储记录。

2. 时序和矩阵切换型视频监控系统的特征

时序切换型视频监控系统前端由多个摄像机组成，摄像机的视（音）频信号和控制信号通过传输系统、切换设备接入图像显示装置和视（音）频记录设备，通过设定的切换程序进行显示和记录存储。矩阵切换型视频监控系可以将时序切换模式中的时序切换器换成有更多控制功能的矩阵设备，通过矩阵的控制键盘，将前端摄像机的任何一路视（音）频信号，切换到后端指定的图像显示装置上进行显示，并且可以通过编制程序进行自动或手动的切换显示与视频记录。

3. 数字网络型视频监控系统及特征

数字网络型视频监控系统是近年来应用数字技术在视频领域快速发展起来的视频监控类型。数字网络摄像机将摄像机与数字编码器结合为一体，可以直接在网络环境下应用，所构建的数字网络型视频监控系统示意图如图 2-1 所示。

三、视频监控系统的主要功能和技术应用基本要求

视频监控系统的主要功能包括视（音）频采集、传输、切换调度、远程控制、视频显示和声音展示、存储/回放/检索、视频图像信息保存期限设定、视频/音频分析、多摄像机协同、系统管理、独立运行、集成与联网等。

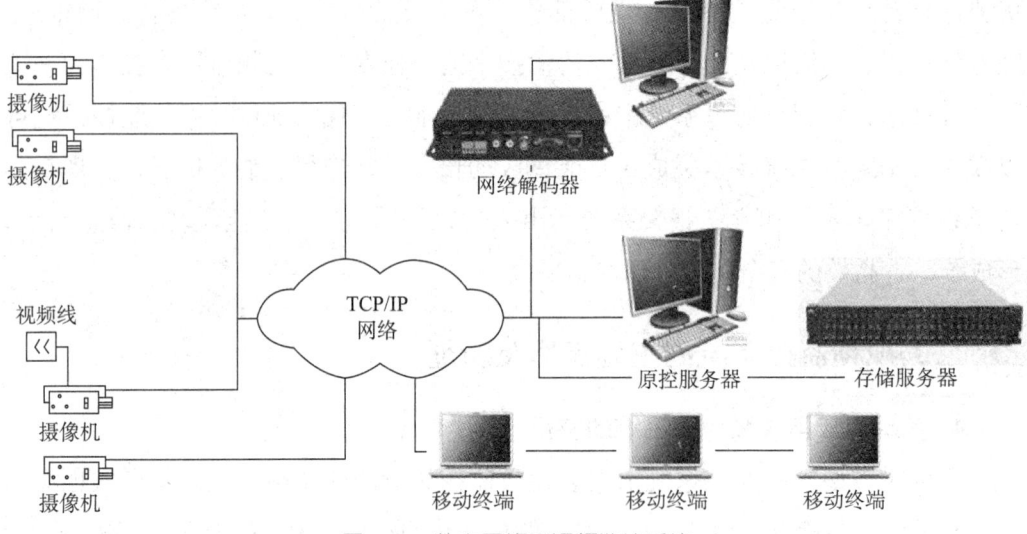

图 2-1 数字网络型视频监控系统

1. 视(音)频采集

(1)视频采集设备主要是指各类不同功能、规格和形式的摄像机及相关辅助设备器件。视频监控系统中视(音)频采集范围应考虑有效覆盖被保护部位、区域或目标,采集效果应满足场景和目标特征识别的不同要求(见表 2-1)。

表 2-1 常用场景视频监控图像采集的基本要求

序号	监控范围	监控要求
1	室外周边	应能清晰显示建(构)筑物门外两侧、以摄像机为基准半径 50 m 监控范围内、沿摄像机监控中心线方向人员的往来情况、体貌特征和机动车辆的车型、颜色、行驶情况;以摄像机为基准半径 20 m 监控范围内、沿摄像机监控中心线方向过往人员的面部特征、车辆牌号等情况(存在环境遮挡情况的除外)
2	室外周界	应能清晰显示物体穿越等情况,周界监控图像应连续
3	室外广场	应能清晰显示人员流向、聚集,车辆牌号、车型、颜色和人员上下车等
4	出入口	应能清晰显示出入人员的面部特征、活动情况,车辆出入口还应能清晰显示车辆牌号
5	走廊通道	应能清晰显示过往人员的体貌特征,室外通道(含主干道)还应能清晰显示机动车辆的颜色、车型、行驶等情况
6	区域范围	应能清晰显示过往人员的行为特征和机动车辆的行驶情况,以及以摄像机为基准半径 5~10 m 监控范围内过往人员的面部特征和车辆牌号
7	制高点	应能清晰显示监控区域内过往人员的行为特征和机动车辆的行驶情况
8	楼梯口	应能清晰显示过往人员的面部特征及活动情况

续表

序号	监控范围	监控要求
9	电梯厅	应能清晰显示过往人员的体貌特征及活动情况
10	自动扶梯	应能清晰显示上下人员的面部特征、体貌特征及活动情况
11	电梯轿厢	应能清晰显示电梯轿厢内全景
12	设备机房	应能清晰显示安防中心控制室、计算机房内人员的体貌特征及活动情况
13	过程监控	应能清晰显示监控范围内人员的体貌特征、活动情况及交接、操作的全过程
14	设备操作	应能清晰显示工作人员对设备操作、维护的情况
15	现金操作	应能清晰显示客户的面部特征及相关业务办理的全过程（监控图像不应看到客户的操作密码）

（2）在实际应用中，应结合现场具体情况，选择合适的位置角度，选用性能匹配的摄像机、拾音器和镜头，最大可能及时获取监控区域和监控目标的有效信息。

（3）对于相对固定的范围进行宏观监控时，宜选用固定安装的、广角镜头摄像机；对于固定区域的特定目标进行观察时，宜选用固定安装的、焦距较大的定焦镜头摄像机；对于较大活动范围的监控区域，宜选用多个固定安装的定焦镜头摄像机，采用图像连续拼接方式进行观察；对于既要对多个监控区域的宏观状况进行观察，又要对其中的特定范围进行特征观察（如人的体貌特征、面部特征、车辆牌号和车型等），宜选择带云台、全方位移动及镜头变倍、变焦控制功能（即PTZ）的摄像机。电梯轿厢内的摄像机一般建议安装在轿门对角的轿厢顶部左侧或右侧。

2. 传输

视频监控系统的传输装置应确保视（音）频信息在前端采集与显示、存储等设备之间的安全有效传输。视（音）频传输支持对同一视（音）频资源的信号分配或数据分发，以确保多个设备或用户对同一视（音）频源的访问。视（音）频的传输和信号分配/分发构成了视（音）频系统的传输网络的主要部分。具体要求可查阅国家标准《民用闭路监视电视系统工程技术规范》（GB 50198）。

3. 切换调度

视频监控系统应具备按照授权，实时切换调度指定视（音）频信号到指定终端的能力。根据视频监控系统设定的授权，用户或终端通过特定的操作可对视频监控系统内的任意视频源（包括实时监控图像信号、储存记录的图像信号等）进行调取、切换等操作。这些功能对于保卫工作实战指挥系统来说至关重要。

4. 远程控制

视频监控系统应具有对前端视频采集设备进行全方位实时控制和工作参数调整的能力。全方位实时控制是指用户或终端设备对前端的遥控摄像机的云台和镜头进行上下左右转动，视频图像的放大或缩小等操作。远程控制功能是实战指挥系统不可或缺的内容，特别适用于现场目标的搜索和跟踪。

5. 视频显示和声音展示

（1）视频监控系统应能实时显示系统内的所有视频图像，图像显示和声音展示等质量应符合相关标准要求，显示的图像和展示的声音应具有原始完整性。

（2）视频监控系统显示功能应实时显示系统前端采集的视频图像和播放已存储的视频图像。显示的方式可以是单画面显示，也可以是多画面显示，或组合屏幕综合显示。

（3）视频监控系统图像是指从采集、传输、存储到显示环节最终展示的最低质量的图像。图像的质量应符合相关标准要求，特别是对特定目标场景识别的需求。

（4）原始完整性是指视（音）频设备或视频监控系统获得的数据表述的场景和目标特征与原始现场的投影特征保持（物理意义和逻辑意义）一致性的程度。评价方法目前主要采用客观化的主观评价方法。具体要求可查阅国家标准《民用闭路监视电视系统工程技术规范》（GB 50198）。

6. 存储/回放/检索

（1）视频监控系统的存储设备应能完整记录指定的视频图像信息，其容量设计应综合考虑记录视频的路数、存储格式、存储周期长度、数据更新等因素，确保存储的视频图像信息质量满足安全管理要求，具有视频数据检索的功能。视频图像叠加的时间与北京时间的误差应 ≤ ±30 s。

（2）视频监控系统的视频存储格式通常用图像像素表示，如 1920 × 1080（也称为 1080P 或高清图像格式）、1280 × 720（也称为 720P 或标清图像格式）、720 × 576、704 × 576 等。存储时，视频、音频编码压缩方案有 H.264、H.265、G.711 等，还需选择匹配的视频图像记录的帧率，目前视频监控系统应用的视频图像记录的帧率模式基本为 25 fps。

（3）视频监控系统的存储周期长度俗称"存储时间"或"保存时间"，是指设备或系统能够在一段时间内保存连续数据的能力。

（4）视频监控系统的视频存储设备应具有足够的能力支持视频图像信息的及时保存、连续回放、多用户实时检索和数据导出等功能。存储视频的回放主要用于人机交互中的事后分析研判。存储视频的检索是事后分析研判中进行数据调取的基础，科学有效的检索方法将提升存储视频的应用效率。

（5）视频图像信息宜与相关音频信息同步记录、同步回放，确保视频图像信息与相关音频信息播放相匹配。

7. 视频图像信息保存期限设定

（1）视频监控系统的视频图像信息保存期限设定应根据相关的法律法规、标准和行业监管部门的规定。

（2）防范恐怖袭击重点目标的视频图像信息保存期限应按照《中华人民共和国反恐怖主义法》所规定的≥90天。其他目标的视频图像信息保存期限应按照《保安服务管理条例》所规定的≥30天。有的行业监管部门对有些重要的视频图像信息作为档案保存时，保存期限可能要求为几年、几十年甚至永久。

8. 视频监控系统的其他功能和技术应用基本要求

视频监控系统应用的其他要求可以通过查询相关的标准和产品（系统）技术文件，获得更详细的信息。例如，系统可设置多台摄像机协同工作的要求、系统应具有用户权限管理的要求、操作与运行日志管理的要求、设备管理和自我诊断功能的要求、各系统间故障互不影响的要求、与其他子系统集成和进行多级联网的要求等。

学习单元3　出入口控制系统

一、出入口控制系统的基础知识

1. 出入口控制系统的概念

出入口控制系统是采用电子设备和软件信息技术，在出入口，对人或物进行出入放行、拒绝、记录和报警等操作的控制系统。系统同时对出入人员编号、出入时间、出入口编号等情况进行登记与储存，是确保区域安全、实现智能化管理的有效措施。

2. 出入口控制系统的功能

出入口控制系统的功能是保证授权人员能够正常出入，拒绝或限制未授权人员的进入，对于强行闯入的行为予以报警。

根据不同场所的安全等级，出入人员授权信息的识别可以采用呼叫响应身份确认、操作密码、各类电子信息卡片、生物特征（如指纹、掌形、人脸、视网膜、虹膜、静脉、声纹等）信息。对于特别重要区域，也采用多种授权信息复核，满足实际安全防控应用的要求。出入口控制系统在安全防范领域主要采用门禁式入口控制应用模式、组合认证出入口控制应用模式和楼宇对讲访客应用模式等。

二、出入口控制系统的主要类型及特征

1. 按硬件构成方式划分

（1）一体型出入口控制系统的特征。一体型出入口控制系统的各个组成部分通过内部连接、组合或集成在一起，实现出入口控制的功能。

（2）分体型出入口控制系统的特征。分体型出入口控制系统的各个组成部分在结构上有分开的部分，也有通过不同方式组合的部分。分开部分与组合部分之间通过电子、机械、软件等组成一个系统，实现出入口控制的功能。

2. 按管理与控制方式划分

（1）独立控制型出入口控制系统的特征。独立控制型出入口控制系统的管理与控制部分的全部显示/编程/管理/控制等功能均在出入口控制器内完成。

（2）联网控制型出入口控制系统的特征。联网控制型出入口控制系统的管理与控制部分的全部显示/编程/管理/控制等功能不在出入口控制器内完成，其中，显示/编程功能由另外的设备完成。设备之间的数据传输通过有线或无线数据通道和网络设备实现。

（3）数据载体传输控制型出入口控制系统的特征。数据载体传输控制型出入口控制系统与联网控制型出入口控制系统的区别仅在于数据传输的方式不同。其管理与控制部分的全部显示/编程/管理/控制等功能不在出入口控制器内完成，其中，显示/编程工作由另外的设备完成。设备之间的数据传输通过对可移动、可读写的数据载体的输入/导出操作完成。

3. 按现场设备连接方式划分

（1）单出入口控制型出入口控制系统的特征。单出入口控制型出入口控制系统是仅能对单个出入口实施控制的单个出入口控制器所构成的控制设备。

（2）多出入口控制型出入口控制系统的特征。多出入口控制型出入口控制系统是能同时对两个及以上出入口实施控制的单个出入口控制器所构成的控制设备。

4. 按联网方式划分

（1）现场总线网络型出入口控制系统。现场总线网络型出入口控制系统分为普通总线型和环形总线型两种，如 RS-485/RS-422 现场总线或出入口控制系统总线等。

（2）以太网网络型出入口控制系统。以太网网络型出入口控制系统的现场控制设备与出入口管理中心的显示、编程设备的连接，采用以太网的联网结构。

（3）单级网型出入口控制系统。单级网型出入口控制系统的现场控制设备与出入口管理中心的显示、编程设备的连接，采用单一联网结构。

（4）多级网型出入口控制系统。多级网型出入口控制系统的现场控制设备与出入口管理中心的显示、编程设备的连接，采用两级以上串联的联网结构，且相邻两级网络采用不同的网络协议。

三、出入口控制系统的主要功能和技术应用基本要求

出入口控制系统的主要功能包括与各出入口防护能力相适应的系统和设备的安全等级、受控区划分、目标的识别方式、出入控制方式、出入授权、出入口状态监测、登录信息安全、自我保护措施、现场指示/通告、信息记录、人员应急疏散、独立运行、一卡通用等。

1. 安全等级

出入口控制系统应根据防护对象防范风险能力的要求，选择与之匹配的系统和设备的安全等级，并根据安全等级对控制管理全过程和自我保护措施等进行相应的配置。出入口控制系统/设备分为 4 个安全等级，1 级为最低，4 级为最高。安全等级对应到每个出入口控制点。

（1）安全等级1级。出入口控制系统安全等级1级为低安全等级。该等级通常用于风险低、资产价值有限的防护对象安全防范工程，防护的主要目的是阻止和拖延入侵者或抢劫者的行动。

（2）安全等级2级。出入口控制系统安全等级2级为中低安全等级。该等级

通常用于风险较高、资产价值较高的防护对象安全防范工程，防护的主要目的是阻止、拖延和探测入侵者或抢劫者的行动。

（3）安全等级3级。出入口控制系统安全等级3级为中高安全等级。该等级通常用于风险高、资产价值高的防护对象安全防范工程，防护的主要目的是阻止、拖延和探测入侵者或抢劫者的行动，同时可以提供方法，帮助识别入侵者或抢劫者。

（4）安全等级4级。出入口控制系统安全等级4级为高安全等级，该等级的安全性优先于其他等级的所有要求，通常用于风险很高、资产价值很高的防护对象安全防范工程，防护的主要目的是阻止、拖延和探测入侵者或抢劫者的行动，同时可以提供方法，帮助识别入侵者或抢劫者。

2. 受控区划分

出入口控制系统应根据安全管理要求及各受控区的出入权限要求，确定各个受控区，明确同权限受控区和高权限受控区，并以此作为系统设备选型和安装位置设置的重要依据。

3. **目标的识别方式**

出入口控制系统应采用编码识读和（或）特征（如PIN）识读方式，对目标进行识别。编码识别应有防泄露、抗扫描、防复制的能力。特征识别应在确保一定拒认率的基础上，降低误识率，满足安全等级的要求。出入口控制系统应根据每个出入口控制点所对应的安全等级，选择匹配的系统和设备。

4. **出入控制方式**

出入口控制系统应根据安全管理需要和安全等级，选择使用包括但不限于下列一种出入控制方式或多种出入控制方式的组合，并符合下列规定。

（1）出入口控制系统各安全等级的出入口控制点，都应支持对进入受控区的单向识读出入控制功能。

（2）出入口控制系统安全等级为2级、3级、4级的出入口控制点，应支持对出入受控区的双向识读出入控制功能。

（3）出入口控制系统安全等级为3级、4级的出入口控制点，应支持对出入目标的防重入功能（主要防止将使用过的授权卡交于其他人员，试图再次进入的行为）；应支持两种或两种以上识别方式的复合识别出入控制功能。

（4）出入口控制系统安全等级为4级的出入口控制点，应支持多重识别和多人同时识别出入控制功能；应支持异地（远程）核准出入控制功能；应支持防胁追出入控制功能。

（5）出入口控制系统可根据安全管理需要，合理选择具有防尾随功能的系统设备。

5. 出入授权

出入口控制系统应根据安全管理要求，对不同目标出入各受控区的时间、出入控制方式等权限进行配置。

6. 出入口控制系统的其他功能和技术应用基本要求

出入口控制系统应用的其他要求可以通过查询相关标准和产品（系统）技术文件，获得更详细的信息。

学习单元 4　其他安全防范子系统

一、停车库（场）安全管理系统

1. 停车库（场）安全管理系统的概念

停车库（场）安全管理系统是一种通过识读装置识别车辆标识并读取车辆身份信息，对进/出停车库（场）的车辆进行登记、出入认证、监控和管理等功能的电子信息系统或网络管理系统。

2. 停车库（场）安全管理系统的主要类型及特征

停车库（场）安全管理系统主要由管理部分、出入口部分和库（场）区部分组成。

（1）管理部分。管理部分是系统的管理和控制中心，可实现用户管理、账户管理、设备管理以及车位预订、共享等移动端应用功能。

（2）出入口部分。出入口部分主要由控制装置、车辆检测装置、识读装置、执行装置、图像采集装置、指示装置、收费装置、对讲装置、发放车辆标识装置、回收车辆标识装置等组成。

（3）库（场）区部分。库（场）区部分由紧急报警系统、视频监控系统、电子巡查系统、停车引导系统、寻车系统组成，应根据安全防范管理的需要选用相应的系统。

3. 停车库（场）安全管理系统的主要功能和技术应用基本要求

（1）停车库（场）安全管理系统的主要功能包括对停车库（场）的车辆通行道口实施出入控制、监视与图像抓拍、行车信号指示、人车复核及车辆防盗报警，并能对停车库（场）内的人员及车辆的安全实现综合管理。

（2）停车库（场）安全管理系统技术应用要求包括出入口车辆识别要求、挡车/阻车要求、行车疏导要求、车辆保护要求、内部安全管理要求、指示/通告要求和管理集成要求等。

停车库（场）安全管理系统应用的其他要求可以通过查询相关的标准和产品（系统）技术文件，获得更详细的信息。

二、防爆安全检查系统

1. 防爆安全检查系统的概念

防爆安全检查系统是应用一系列安全检查设备，探测、识别各类违禁物品，并由安全检查人员进行专业检查确认，实现阻止携带违禁物品进入保护区域的安全应用系统。

2. 防爆安全检查系统的主要类型及特征

（1）携带金属探测类型。携带金属探测类型包括手持式金属探测器、通过式金属探测门、鞋内安全检查设备、成像式人体安全检查设备等，可对人员携带金属类管制物品进行有效探测。

（2）行包货物安全检查类型。行包货物安全检查类型包括 X 射线安全检查设备等，可对行包货物内物品安全隐患进行有效检查。

（3）炸药探测类型。炸药探测类型包括炸药探测设备、毒品/炸药探测设备、定时引爆装置探测器等，可对毒品/炸药等安全隐患进行有效探测。

（4）危险液体检查类型。危险液体检查类型是指液态物品安全检查设备，可对液态物品安全隐患进行有效检查。

（5）放射性物质检查类型。放射性物质检查类型是指放射性物质探测与核素识别设备，可对放射性物质安全隐患进行有效检查。

（6）车辆安全检查类型。车辆安全检查类型包括车辆 X 射线安全检查设备、车底成像安全检查设备、手持式视频检查设备等，可对机动车安全隐患进行有效检查。

（7）炸药隔离处置类型。炸药隔离处置类型包括防爆毯、防爆柜（罐）等，可对各类疑似炸药的物品进行隔离处置。

3. 防爆安全检查系统的主要功能和技术应用基本要求

（1）防爆安全检查系统应能对进入保护区域的人员、物品、车辆进行防爆安全探测、显示、记录和报警。

（2）防爆安全检查系统所用安全检查设备应符合相关产品标准的规定。

（3）防爆安全检查系统探测时产生的辐射剂量不应对被检人员、物品和环境造成伤害，不应引爆爆炸物。

（4）成像式人体安全检查设备的显示图像应具有人体隐私保护功能。显示图像应保护被检人员隐私，不显示清晰的人体图像或以卡通人体图像（人体模板图像）显示，应突出显示违禁品的图像。

（5）安全检查信息的存储时间应≥90天。安全检查信息包括安全检查设备的报警信息、安全检查的图像信息、安全检查区的视频图像信息等。

（6）安全检查区应设在保护区域的入口，在安全检查区内，配置的检查通道、检查设施和检查人员等的数量应与被检人员、物品和车辆的数量相匹配。

（7）根据安全管理要求，在安全检查区内，应配置以下安全检查设备、设施。

1）手持式金属探测器。

2）通过式金属探测门或成像式人体安全检查设备。

3）微剂量 X 射线安全检查设备。

4）痕量炸药探测设备。

5）危险液体检查设备。

6）车底成像安全检查设备。

7）防爆毯、防爆柜（罐）等。

（8）在人员密集的大流量出入口和通道，宜选用高效、安全的快速通过式安全检查设备或防爆安全检查系统。鼓励使用探测率和通过率高，对人员、物品、环境的不良影响小的新技术、新产品。

（9）应配备防爆处置设施、防护设施。防护设施应安全受控，便于取用。在安全检查区内，应配置的防爆处置设施包括防爆毯、防爆球或防爆罐，防护设施包括盾牌、钢叉等。

（10）在安全检查区内，应设置视频监控装置，实时监控安全检查区的情况，监控和回放图像应能清晰显示安全检查区内人员聚集情况、被检人员的面部特征、放置和拿取被检物品等活动情况。

防爆安全检查系统应用的其他要求可以通过查询相关的标准和产品（系统）技术文件，获得更详细的信息。

三、电子巡查系统

1. 电子巡查系统的概念

电子巡查系统是按照预先编制的人员巡查程序，通过信息识读器或其他方式对人员巡查的工作状态进行监督管理的系统。

2. 电子巡查系统的主要类型及应用

（1）离线式电子巡查系统。离线式电子巡查系统也称为无线巡查系统，主要由采集器、数据传送器和巡查钮组成。离线式电子巡查系统安装简单方便，易于扩展，但存在巡查过程信息采集延迟，不利于对巡查过程的监管。

（2）在线式电子巡查系统。在线式电子巡查系统具有较强的实时性，能够实时监管控制巡查过程。目前，在线式电子巡查系统基本与门禁系统集成，应用门禁系统的现场控制器识读装置，通过有线或无线网络的方式与管理终端通信，即时将巡查人员的身份、时间、地点，以及区域、状态、设备等巡查信息传输到管理终端，并进行管理和控制。

（3）实时式电子巡查系统。实时式电子巡查系统基本采用无线方式与管理终端通信，实时将巡查人员的身份、时间、地点和巡查路线、巡查轨迹，以及区域、状态、设备等巡查信息传输到管理终端。该模式的系统能够实现对巡查任务和巡查轨迹的实时监管，全面反映巡查工作的全过程。

四、智能安全防范系统

1. 智能安全防范系统的概念

智能安全防范系统由智能集成数据服务设备和专业软件操作系统等组成。以安全防范管理平台为安全防范系统集成与联网的核心，将入侵和紧急报警系统、视频监控系统、出入口控制系统及其他安全防范应用系统有机组合，具备集成管理、信息管理、用户管理、设备管理、联动控制、日志管理、数据分析、系统校时、预案管理、人机交互、联网共享、指挥调度、智能应用、系统运维、安全管控等整体功能的技术防范应用管理平台。

2. 智能安全防范系统的主要类型（见图2-2）

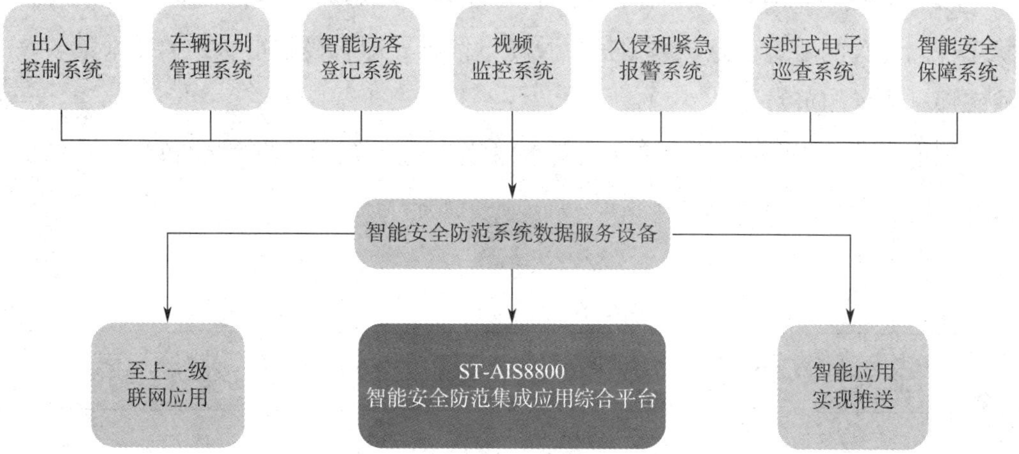

图2-2 智能安全防范系统

3. 智能安全防范系统的主要功能和技术应用基本要求

（1）智能安全防范系统能接收各技术防范系统、智能安全防范系统、智能安全保障系统及各物联网应用平台推送的数据资源，进行统一接入、数据梳理、集成汇聚、数据转发，其数据资源包括本地的各类智能技术防范系统的静态数据及动态数据。

（2）智能安全防范系统能即时接收视频监控系统推送的全景抓拍、人脸抓拍、车辆牌号抓拍、报警联动、智能分析、识读联动等事件的关联部位、生成时间、触发类型、数据/图片、人员类型、住户类型、关联对象等基本信息。

（3）智能安全防范系统能即时接收出入口控制系统推送的出入人员的出入部位、出入时间、识别方式、数据/图片、人员类型、住户类型、关联对象等基本信息。

（4）智能安全防范系统能即时接收停车库（场）安全管理系统推送的出入车辆的出入部位、出入时间、牌号/车型、数据/图片（含全景）、人员类型、住户类型、关联对象等基本信息。

（5）智能安全防范系统能即时接收入侵和紧急报警系统推送的入侵报警、紧急报警和紧急求助报警的报警区域、报警时间、报警类型、防区类型、人员类型、住户类型、关联对象、现场处置人员、处置结果等基本信息。

（6）智能安全防范系统能即时接收实时式电子巡查系统推送的在岗保卫人员信息、系统运行状态、本地数据采集信息、前端设备信息及三维地理信息属性标注等。

（7）智能安全防范系统能定时接收智能安全保障系统推送的数据采集装置、状态探测装置的心跳信息、数据信息及耗电信息，即时接收推送的数据采集装置、状态探测装置的报警信息。

智能安全防范系统应用的其他要求可以通过查询相关的标准和产品（系统）技术文件，获得更详细的信息。

学习单元 5　安全防范工程建设基本程序

一、安全防范工程建设基本程序的基础知识

1. 安全防范工程建设的基本程序

安全防范工程建设应按照规定的基本程序进行，包括项目立项、工程设计、工程施工、工程初步验收与试运行、工程检测、工程验收、工程移交、系统运行维护等工作。安全防范工程建设基本程序示意图，如图 2-3 所示。

2. 安全防范工程的深化设计

根据《建筑工程设计文件编制深度规定（2016 年版）》，智能化专项设计根据需要可分为方案设计、初步设计、施工图设计及深化设计四个阶段。若安全防范工程的建设规模小，可不进行深化设计。若安全防范工程的建设规模大，系统架构多样，施工过程技术复杂，或者是涉及国家安全、国计民生、社会公共安全的重点项目，应当进行深化设计，并组织有关部门和专家对项目进行深化设计方案评审，确保工程设计满足相关重点单位、重要部位安全防范管理工作的需要。

3. 安全防范工程的检验

在工程检验、工程验收、工程移交阶段，建设单位可根据需要，委托具有安全防范工程检验资质，且检验能力在资质（中国计量认证 CMA 或中国合格评定国家认可委员会 CNAS 认可）能力授权范围内的检验机构对工程质量进行检验。

4. 安全防范工程建设管理

安全防范工程建设管理应按现行国家标准《建设工程项目管理规范》(GB/T 50326) 的有关规定执行。

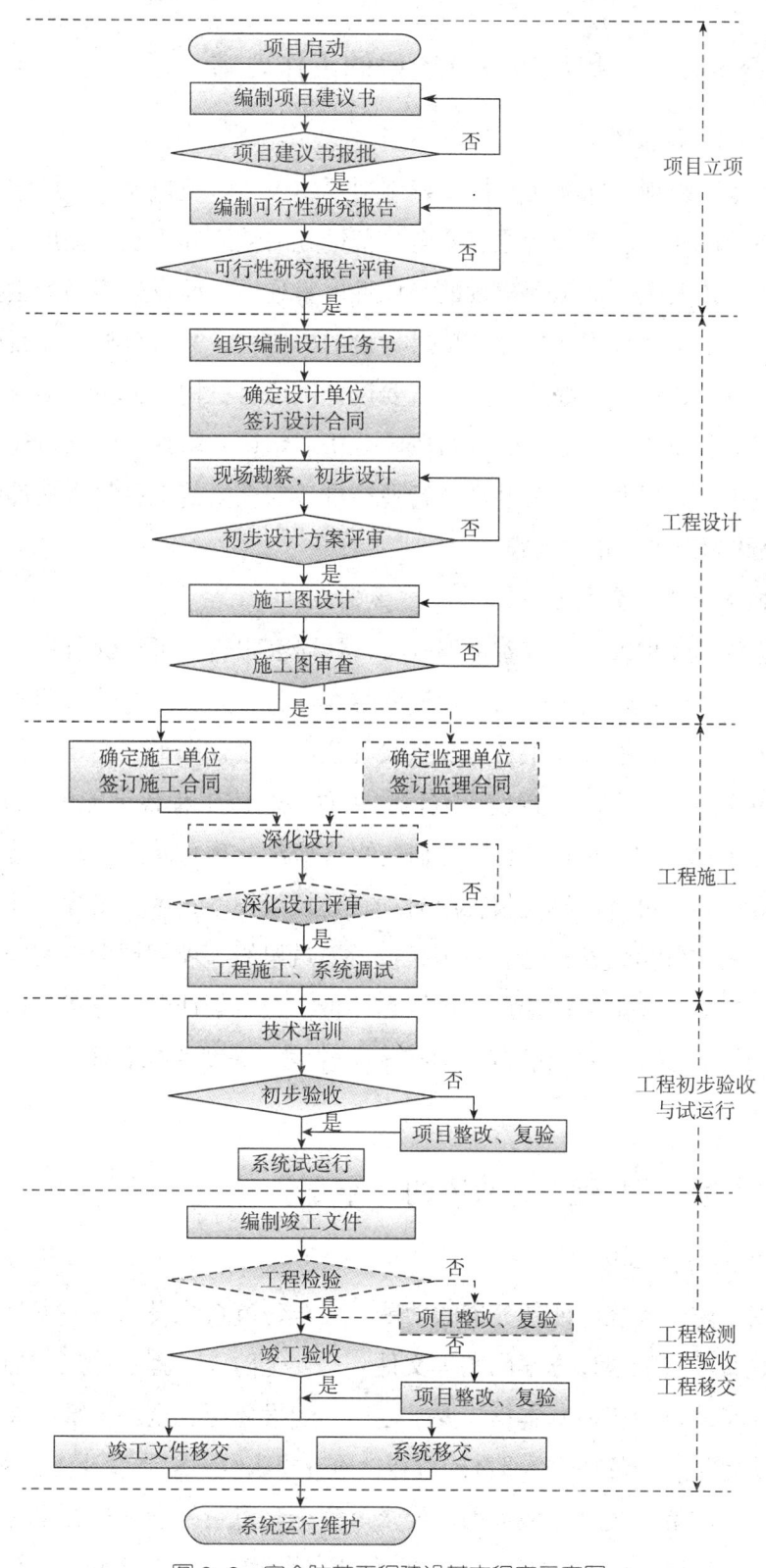

图 2-3 安全防范工程建设基本程序示意图

二、安全防范工程项目立项阶段的工作要求

1. 编制项目建议书

安全防范工程项目立项时,需要编制项目建议书。项目建议书应结合建设单位的安全防范现状,着重分析原有安全防范措施的差距和不足,提出安全防范的实际需求,突出安全防范工程建设的必要性、紧迫性。项目建议书的主要内容包括项目概况、安全防范现状描述、项目建设的必要性、需求分析、项目建设的条件、建设依据、建设方案综述、系统概要设计、项目机构和人员、项目建设进度安排、投资额度及资金筹措、效益与风险分析、结论和附件等。项目建议书的编制深度参见中华人民共和国公共安全行业标准《安全防范工程技术文件编制深度要求》(GA/T 1185)的相关内容。

2. 编制可行性研究报告

项目建议书经批准后,应着手编制可行性研究报告。可行性研究报告应对技术可行性与经济合理性进行分析、论证和综合评价,为安全防范工程建设提供投资决策的依据。可行性研究报告应包括设计说明、设计图纸、主要设备清单及工程造价(投资)估算等。可行性研究报告由具备相应工程咨询能力的单位编制。编制单位对报告的质量负责。可行性研究报告应细化项目建设需求、建设方案和风险分析等内容。可行性研究报告应对项目建设规模、技术、工程、经济等方面进行分析,完成包括设备选型、系统建设、人员组织、项目周期、实施计划、投资与成本、效益及风险等的论证、计算和评价,选定最佳建设方案。可行性研究报告的编制深度参见《安全防范工程技术文件编制深度要求》(GA/T 1185)的相关内容。

三、安全防范工程设计阶段的工作要求

1. 编制设计任务书

(1)安全防范系统设计任务书的功能。安全防范系统设计任务书是确定安全防范工程建设项目和建设方案的基本文件,是安全防范工程设计工作的指导性文件,也是安全防范系统的基本操作要求之一。建设单位安全保卫部门在安全防范工程初步设计前,应根据获得批准的可行性研究报告组织编制设计任务书。

(2)安全防范系统设计任务书的要求。安全防范系统设计任务书应根据国家相关法律法规的规定、标准规范的要求和管理/使用的需求,清晰、明确、合理地

提出安全防范工程的建设目的，建设内容及功能、性能要求等，明确保护对象和防范对象，安全需求，安全防范工程需要防范的风险，安全防范系统的功能、性能要求等。

（3）安全防范系统设计任务书的编制单位。安全防范系统设计任务书可以由建设单位的安全保卫部门编制，也可以由建设单位的安全保卫部门委托具备相应资质和能力的安全防范工程设计/咨询专业单位编制。建设单位委托安全防范工程设计/咨询专业单位编制的安全防范系统设计任务书，必须经建设单位确认并盖章后，才能作为安全防范工程的有效指导文件。

（4）安全防范系统设计任务书的主要内容

1）任务来源。任务来源包括城市建设规划或单位建设发展计划、上级有关的安全防范工作任务布置要求、年度安全防范工作改造计划安排、安全防范（治安、反恐怖）提出的整改意见书等。对工程项目建设的地区、范围、对象、性质等都有详细阐述。

2）编制依据。编制依据包括国家相关法律和法规、安全防范标准和规范、计划任务书、项目建议书、可行性研究报告、安全防范风险评估报告等。近年来，国家在法律法规和标准规范层面发布实施了很多规定，涉及国家安全、国计民生、社会公共安全重点单位、重要部位的高风险项目，都有相应的具体要求。例如，《中华人民共和国国家安全法》《中华人民共和国反恐怖主义法》《企业事业单位内部治安保卫条例》等法律法规，《安全防范工程技术标准》（GB 50348）、《城市轨道交通公共安全防范系统工程技术规范》（GB 51151）、《博物馆和文物保护单位安全防范系统要求》（GB/T 16571）、《医院安全技术防范系统要求》（GB/T 31458）、《银行安全防范要求》（GA 38）、《金银珠宝营业场所安全防范要求》（GA 1517）、《安全防范工程建设与维护保养费用预算编制办法》（GA/T 70）等国家标准、公共安全行业标准和地方安全防范标准等。

3）政府部门的有关规定和管理要求。政府部门的有关规定和管理要求包括管理/使用的专项标准规定要求、保密要求、风险等级和防护级别要求等。但在具体安全防范工程建设项目中，风险等级划分与防护级别要求应当与地区、规模、资源及经济发展的具体情况相结合。防护级别的要求非常明确的，应按照规定一步到位，控制已知风险；有些则可以根据项目应用发展的要求和方向，明确目标，分期实施，逐步推进和提高。

4）工程建设地概况。工程建设地概况包括项目所在地的区域位置、地形地貌、气象条件、水文地质、电磁环境、反恐怖治安形势、交通情况，以及与项目相关的其他重要资源情况等。工程建设地概况是安全防范系统设计任务书的首要内容，表述是否清晰、完整、准确，将直接影响后续项目设计的正确性。

5）建设单位安全管理现状与要求。建设单位安全管理现状与要求应结合建设单位的安全防范现状，着重分析原有安全防范措施的差距和不足，提出安全防范的实际需求，内容包括项目中需要保护的对象的价值、既有安全防范措施（如安全保卫组织架构和原有主体建筑状态、技术防范等）情况、主要安全威胁、安全管理的优势和薄弱环节、期待的安全状态目标（等级）等。

6）工程建设指导思想。根据工程建设的资源情况，以及安全防范面临的重要性、紧迫性、必要性原则提出工程建设要求，内容包括任务来源中的城市建设规划或单位建设发展计划、上级有关的安全防范工作任务布置要求、年度安全防范工作改造计划安排、安全防范（治安、反恐怖）提出的整改意见书。工程建设指导思想必须符合实际需求和能力范围，应在安全防范系统设计任务书中予以明确。

7）工程建设目的及内容。工程建设目的及内容要求项目必须根据任务来源、编制依据、政府部门的有关规定和管理要求（含防护对象的风险等级和防护级别）、工程建设地概况、建设单位安全管理现状与要求、工程建设指导思想，围绕相应标准规范给出的要求，结合项目人防、物防的实际情况，通过设计方案弥补安全保卫工作的短板和防范薄弱环节，维持各系统间响应及时，纵深防护有效平衡，应对控制已知风险，降低消除潜在安全威胁等，并对技术防范建设内容和范围予以明确。

8）保护对象（范围）和防范对象。保护对象为项目所属的各类有效资产，需要明确其范围，即保卫工作的目标范围。防范对象主要包括但不限于各类对项目的安全威胁，主要有各种外来的袭击、威胁、破坏、盗抢等行为。明确保护对象和防范对象，对项目交付使用后的安全保卫工作具有重要的指导意义。

9）安全需求。安全需求有一定范围的可变空间，除了任务来源、编制依据、政府部门的有关规定和管理要求（含防护对象的风险等级和防护级别）、工程建设地概况、建设单位安全管理现状与要求、工程建设指导思想、工程建设目的及内容、保护对象（范围）和防范对象等要素之外，还有各类内外因素的变化，如项目建成后需应对的特殊时期、特殊区域、特殊保卫对象等。因此，安全需求包括各类安全管控"红线"要求、容忍（接受）度、安全等级、保密要求等。在项目中留有提升、扩展的条件和环境，以应对特殊时期、特殊区域、特殊保卫对象的安全需求。

10）安全防范工程需要防范的风险。安全防范工程需要防范的风险是指与项目建设相关的各类风险，包括但不限于工程资金风险，有工程资金链发生断裂或不足引发的不稳定事件、技术调整风险、施工安全风险、工期交付风险、保密安全风险等。对项目可能存在的不可预知风险，需要在安全防范系统设计任务书中明确。

11）安全防范系统功能、性能要求。安全防范系统功能、性能要求是指建设单位应充分了解掌握与项目相关的国家标准、行业标准规定的技术防范要求，包括防范功能的符合性，覆盖范围的符合性，风险等级和防护要求的符合性，系统技术指标的符合性，保护需求的符合性，整体技术衔接的兼容性、安全性、稳定性、可靠性、可维护性要求等。

12）安全防范工程建设特殊性要求。安全防范工程建设特殊性要求是指涉及国家安全、国计民生、社会公共安全的高风险项目相关的国家标准、行业标准规定的反恐怖治安要求之外，还涉及保密要求、利旧要求、建筑特性要求、防爆要求、移动目标要求、工期紧迫要求、地理气象环境要求，以及其他各种安全防范工程建设的特殊性要求。

13）技术培训要求。安全防范工程在建设阶段、交付阶段、使用维护阶段都需进行安全防范系统操作和使用人员的技术培训，保障提供的设备能够正常、安全地运行。技术培训应包括基础知识培训、专项技术培训、系统升级培训、操作使用培训等。

14）质量保证及售后服务要求。质量保证及售后服务要求是指项目通过验收之日起工程运行质量保证承诺（质量保证文件）、常用备品备件的提供方式、技术响应措施等。

15）工程建设投资控制额及资金来源。工程建设投资控制额及资金来源一般在任务来源中已经明确，但在安全防范工程建设项目中需要严格控制并予以明确。

16）工程建成后达到的预期效果。工程建成后达到的预期效果包括工程交付的技术状态、覆盖范围、系统组成、价格、工程工期进度、检测合格、防范效果（风险等级和防护级别）等内容与预期一致。

17）其他要求。除了上述要求之外，安全防范系统设计任务书还可以根据安全防范工程的实际需要，增加或调整建议性描述，以满足工程建设设计指导的需求。

2. 签订设计合同

建设单位根据相关的政策法规要求，委托或通过招投标方式选择设计单位并签订设计合同。《中华人民共和国招标投标法》第三条规定：在中华人民共和国境内进行下列工程建设项目包括项目的勘察、设计、施工、监理以及与工程建设有关的重要设备、材料等的采购，必须进行招标。

（1）大型基础设施、公用事业等关系社会公共利益、公众安全的项目。

（2）全部或者部分使用国有资金投资或者国家融资的项目。

（3）使用国际组织或者外国政府贷款、援助资金的项目。

工程设计招标应符合国家发改委《工程建设项目招标范围和规模标准规定》，或各省、自治区、直辖市人民政府关于工程建设项目招标范围和规模标准的相关规定。但根据国家保密法律法规和有关政策规定，在涉及国家秘密的保密要害部门、部位开展的安全防范工程建设，勘察、设计不得进行公开招标。

3. 开展现场勘察

设计单位应会同相关单位进行现场勘察，并编制现场勘察报告。现场勘察报告应当获得参与勘察的各方确认，并经过参与勘察的各方授权人签字、加盖公章后作为正式文件存档。

4. 编制初步设计文件

设计单位应根据设计任务书、设计合同和现场勘察报告开展初步设计工作，提出实现项目建设目标，满足安全防范管理要求的具体实施方案。初步设计文件应包括设计说明、初步设计图纸、主要设备和材料清单及工程概算书等。初步设计文件的编制深度参见《安全防范工程技术文件编制深度要求》（GA/T 1185）的相关内容。

5. 评审初步设计方案

（1）安全防范工程初步设计方案评审的工作要求。安全防范工程初步设计完成后，项目管理机构应组织专家对初步设计方案进行评审，并出具评审意见。安全防范工程初步设计方案评审通过，并经项目管理机构确认后，设计单位才能根据初步设计方案及评审意见进行施工图设计。

（2）安全防范工程初步设计方案评审的主要内容

1）安全防范工程的设计内容是否符合设计任务书和合同等要求。

2）现状和需求是否符合实际情况。

3）安全防范系统的总体设计、结构设计是否合理准确。

4）安全防范系统的功能、性能设计是否满足需求。

5）安全防范工程的设计内容与国家和地方相关法律法规，现行国家标准、行业标准和地方标准及工程建设单位或其主管部门的有关管理规定等的符合性审查。

6）实施计划与工程现场的实际情况和建设单位的要求满足性审查。

7）初步设计文件的质量、深度的符合性审查等。

（3）安全防范工程初步设计方案评审的方法

1）会议评审方式。一般由建设单位、业务主管部门、行业主管部门、设计单位及一定数量的技术专家组成评审专家组，推选评审专家组长主持评审会，对初步设计的适用性、合理性、先进性、实施计划、概算和预期效果等方面进行评审。

2）网络远程评审方式。事先将相关资料通过网络提交，并通过计算机软件从已建立的专家库中选取专家和专家组长，以网络远程评审的方式对初步设计方案进行评审。评审内容与会议评审方式一致。

3）专家打分评审方式。专家对初步设计方案的总体评价意见建立在对每项评审项目进行合理打分的基础上：评审合格率≥80%为通过；60%≤评审合格率<80%为基本通过；评审合格率<60%或有重要评审内容项目不合格则为不通过。

初步设计方案评审为通过或基本通过的，评审专家组应该提出改进的建议和要求，使初步设计方案更趋合规、完善。初步设计方案评审为不通过的，评审专家组应提出明确意见，要求设计、施工单位对初步设计方案重新进行编制和评审。

6. 编制施工图设计文件

安全防范工程初步设计方案评审通过并经项目管理机构确认后，设计单位应根据初步设计方案及评审意见进行施工图设计。

施工图设计文件应满足设备材料采购、非标准设备制作和施工的需要。施工图设计文件应包括设计说明、施工图设计图纸、设备材料清单及工程预算书等。施工图设计文件的编制深度参见《安全防范工程技术文件编制深度要求》（GA/T 1185）的相关内容。

7. 审查施工图设计文件

施工图设计完成后，建设单位应根据政策法规要求，将相关资料报建设行政主管部门审查。建设单位应向审查机构提供的资料包括作为勘察设计依据的政府有关部门的批准文件及附件、全套施工图、其他应当提交的材料等。

四、安全防范工程施工阶段的工作要求

1. 签订施工合同

施工图审查通过后,建设单位应按照相关法律法规委托或通过招投标确定施工单位并签订施工合同。

需要在工程施工阶段提供监理服务的工程,建设单位应根据法律法规规定,委托或通过招投标确定监理单位并签订监理合同。

2. 深化设计

深化设计应在审查通过的施工图设计文件基础上,对施工图设计的内容进行审查、核算和修订,量化、准确地表达设计内容及设备、材料、工艺要求等,对施工方、施工作业的特殊要求等进行详尽说明。如果工程现场环境、保护对象、安全需求等变化较小,深化设计时可不再进行现场勘察;如果工程现场环境、保护对象、安全需求等变化较大,深化设计时仍应进行现场勘察。

深化设计单位由建设单位根据相关的政策法规规定,委托或通过招投标确定。深化设计单位可以是施工图设计单位、施工单位或其他专业单位。施工图设计单位应配合深化设计单位了解安全防范系统的情况及要求,审核深化设计单位的设计图纸。

3. 评审与审查项目

深化设计完成后,应由项目管理机构组织评审。评审通过后,深化设计单位应提交全部深化设计文件。

4. 设计交底

工程施工前,设计单位应对施工单位和监理单位进行设计交底。设计交底是由项目管理机构组织施工单位、监理单位参加,由设计单位对施工图纸内容进行交底的一项技术活动。其目的是使施工单位和监理单位正确贯彻设计意图,加深对设计文件的特点、难点、疑点的理解,掌握关键工程部位的质量要求,确保工程质量。

5. 订货与施工

工程施工时,施工单位应按照深化设计文件中的技术指标订货,按照深化设计文件规定的建设内容和施工工艺施工。在施工过程中发生的设计变更或工程洽商,应经项目管理机构、设计单位、监理单位及施工单位共同确认。

6. 管线敷设、设备安装、系统调试

安全防范工程的管线敷设、设备安装、系统调试等具体工作事项主要由施工单位进行进度和质量把控，应严格按《安全防范工程技术标准》（GB 50348）执行。

7. 工程监理

工程施工阶段，建设单位可根据需要，委托监理单位对工程建设进行监督，加强施工过程管理，把控隐蔽工程质量，避免工程"带病"运转。工程监理应按《安全防范工程技术标准》（GB 50348）执行。

五、安全防范工程初步验收与试运行阶段的工作要求

1. 技术培训

施工单位应依据工程合同要求对相关人员进行技术培训。培训大纲、课程设置及培训方案应经项目管理机构评审、批准。技术培训是安全防范系统建设的重要环节，也是安全防范系统使用、管理和运行维护的重要基础。技术培训的目的是使值机人员熟悉安全防范系统的功能、性能和操作使用方法，使系统管理人员掌握安全防范系统的运行管理和维护技能，从而充分发挥安全防范系统的安全防护效能。技术培训内容包括计算机技术基础、硬件安装、软件安装、操作使用、系统管理和维修维护等。

2. 工程自检

工程质量及安全防范系统的功能、性能经施工单位自检，满足工程合同和设计文件要求后，项目管理机构、设计单位及施工单位应共同对工程进行初步验收，形成初步验收报告。有监理单位的，由监理单位组织项目管理机构、施工单位、设计单位等进行初步验收；没有监理单位的，由项目管理机构组织施工单位、设计单位等进行初步验收。

3. 系统试运行

初步验收、项目整改及复验完成后，安全防范系统试运行≥30天。试运行期间，施工单位应配合项目管理机构建立安全防范系统的运行、操作和维护等管理制度。系统试运行的目的是验证安全防范系统与建设目标的符合性，发现安全防范系统存在的问题，优化完善安全防范系统的功能、性能等。值机人员或系统管理人员应详细记录安全防范系统的运行情况。

4. 出具试运行报告

安全防范系统经试运行达到合同和设计文件的要求，项目管理机构应依据试运行期间安全防范系统的运行情况和记录，出具试运行报告。

六、安全防范工程检验、验收及移交阶段的工作要求

1. 编制竣工报告

安全防范工程建设完成，经试运行达到工程合同和设计文件的要求后，施工单位应编制竣工报告。少数非主要项目未按工程合同和设计文件的要求全部建成，由建设单位与设计单位、施工单位协商，对遗留问题有明确的处理方案，并经建设单位确认后，也可视为竣工。

2. 编制竣工文件

施工单位应根据深化设计图纸、图纸会审记录、设计变更、工程洽商等文件编制竣工文件。竣工文件应完整齐全、准确真实、签章完备，与施工内容一致。竣工文件是工程建设项目完成后形成的、真实反映项目建设全过程和项目真实面貌的文件集，是项目建成后使用、维护保养、改建与扩建等工作的基础资料。

3. 检验安全防范工程

按照相关法律法规、工程合同的要求，需进行工程检验的安全防范工程，应在工程竣工验收前，由检验机构对工程质量进行检验并出具检验报告。

4. 竣工验收

（1）验收组织要求

1）安全防范工程竣工后，应由建设单位会同相关部门组织验收。

2）工程验收时，应组成工程验收组。工程验收组可根据实际情况下设施工验收组、技术验收组和资料审查组。建设单位应根据项目的性质、特点和管理要求与相关部门协商确定工程验收组成员，并由组员推荐组长。工程验收组中技术专家的人数不应低于总人数的50%。

3）验收结论分为通过、基本通过、不通过。对于验收通过的工程，工程验收组可在验收结论中提出建议或整改意见；对于验收基本通过或不通过的工程，工程验收组应在验收结论中明确指出发现的问题和整改的要求。

（2）施工验收要求

1）应依据设计任务书、深化设计文件、工程合同等竣工文件及国家现行有关标准，按照施工验收表列出的项目进行现场检查，并做好记录。

2）隐蔽工程的施工验收均应复核随工验收单或监理报告。

3）应根据检查记录，统计合格率，给出施工验收通过、基本通过或不通过的结论。

（3）技术验收要求

1）应依据设计任务书、深化设计文件、工程合同等竣工文件和国家现行有关标准，按照技术验收表列出的检查项目进行现场检查或复核工程检验报告，并做好记录。

2）应根据设计任务书、深化设计文件和工程合同等文件要求，逐项复核系统主要技术性能指标。

①检查实体防护系统。实体防护系统主要检查下列内容。

a. 周界实体防护、建（构）筑物和实体装置的设置。

b. 对于实体防护设备的外露部分，应查验现场实物与设计文件的一致性；对于隐蔽部分，应查验隐蔽工程随工验收单。

c. 出入口实体屏障、车辆实体屏障的限制、阻挡等功能。

d. 安全防护照明的覆盖范围和警示标志的设置。

②检查入侵和紧急报警系统。入侵和紧急报警系统主要检查下列内容。

a. 系统的探测、防拆、设置、操作等功能。

b. 入侵探测器、紧急报警装置的报警响应时间。

c. 对于有声音和（或）图像复核要求的，应检查现场声音和（或）图像与报警事件的对应关系、采集范围和效果。

d. 对于有联动要求的，应检查预设的联动要求与联动的执行情况。

③检查视频监控系统。视频监控系统主要检查下列内容。

a. 系统的采集、监视、远程控制、记录与回放功能。

b. 系统的图像质量、信息存储时间等。

c. 对于系统具有视频/音频智能分析功能的，应检查智能分析功能的实际效果。

d. 用户权限管理、操作与运行日志管理、设备管理等管理功能。

④检查出入口控制系统。出入口控制系统主要检查下列内容。

a. 系统的识读方式、受控区划分、出入权限设置与执行机构的控制等功能。

b. 系统（包括相关部件或线缆）采取的自我保护措施和配置，与系统的安全等级相适应。

c. 根据建筑物的消防要求，现场模拟火警或紧急疏散，检查系统的应急疏散功能。

⑤检查停车库（场）安全管理系统。停车库（场）安全管理系统主要检查下列内容。

a. 出入控制、车辆识别、行车疏导（车位引导）等功能。

b. 停车库（场）内部紧急报警、视频监控、电子巡查等安全防范措施。

⑥检查防爆安全检查系统。防爆安全检查系统主要检查下列内容。

a. 防爆安全检查系统的功能、性能。

b. 防爆处置、防护设施的设置情况。

c. 安检区视频监控装置的监视和回放图像质量。

⑦检查电子巡查系统。电子巡查系统主要检查巡查线路设置、报警设置、统计报表等功能。

⑧检查集成与联网。集成与联网主要检查下列内容。

a. 系统架构、集成联网方式、存储管理模式、边界安全管控措施等。

b. 重要软硬件及关键路由的冗余设置。

c. 安全防范管理平台软件功能。

⑨检查监控中心。监控中心主要检查下列内容。

a. 监控中心的选址、功能区划分和设备的布局。

b. 监控中心的通信手段、紧急报警、视频监控、出入口控制和实体防护等自身防护措施。

c. 监控中心的温湿度、照度、噪声、地面等环境情况。

应根据检查记录，按照技术验收表规定的计算方法统计合格率，给出技术验收通过、基本通过或不通过的结论。

（4）资料审查要求

1）应依据资料审查表所列的项目与要求，审查竣工文件的规范性、完整性、准确性，并做好记录。

2）应根据审查记录，按照资料审查表规定的计算方法统计合格率，给出资料审查通过、基本通过或不通过的结论。

（5）验收结论要求

1）安全防范工程的施工验收结果K_s、技术验收结果K_j、资料审查结果K_z均≥0.8，为验收通过。

2）安全防范工程的施工验收结果K_s、技术验收结果K_j、资料审查结果K_z

均≥0.6，且K_s、K_j、K_z中有一项<0.8，为验收基本通过。

3）安全防范工程的施工验收结果K_s、技术验收结果K_j、资料审查结果K_z中有一项<0.6，为验收不通过。

4）工程验收组将验收通过、基本通过或不通过的验收结论填写在验收结论汇总表中，并对验收中存在的主要问题提出建议与要求。

5）验收不通过的工程不得交付使用。施工单位、设计单位、建设（使用）单位等应根据工程验收组提出的意见与要求，落实整改措施后再次组织验收。工程复验时，对原不通过的部分抽样比例应加倍。

6）对验收通过或基本通过的工程，施工单位、设计单位、建设（使用）单位等应根据工程验收组提出的建议与要求，落实整改措施。施工单位、设计单位完成整改后，应提交书面报告，由建设（使用）单位确认。

5. 工程竣工与移交

安全防范工程竣工验收通过且项目整改复验完成后，施工单位应整理、编制、移交完整的工程竣工文件，并将安全防范系统移交建设单位正式投入使用。竣工文件的编制深度参见《安全防范工程技术文件编制深度要求》（GA/T 1185）的相关内容。

七、安全防范工程运行维护阶段的工作要求

1. 售后服务

安全防范工程施工单位应按照工程合同、工程质量保修书等的规定，完成工程保修、技术支持等售后服务工作。

2. 运行维护保障体系

建设（使用）单位应制定安全防范工程运行维护规划，建立包括人员、经费、制度和技术支撑系统等的运行维护保障体系。安全防范工程竣工交付之后，应组建运行工作团队，并根据使用要求制定日常管理、值机、现场处置、例会、安全保密、培训和考核等制度，统筹协调与系统运行有关的机构、人员等各项资源。根据建设（使用）单位的工作目标、工作范围、工作要求，运行工作团队人员可分为管理人员、值机人员、现场处置人员等，并按照各自工作分工负责日常具体的系统运行工作。

3. 具体规定

安全防范工程的运行维护应按照《安全防范工程技术标准》（GB 50348）执行。

第二节 安全防范系统运维管理

学习单元1 安全防范系统运行的基本要求

一、安全防范系统运行的管理要求

安全防范系统运行单位应确认系统运行环境，掌握单位重点区域、重点部位、重要设施的防护要求等，并符合下列规定。

1. 确认入侵和紧急报警系统的探测点位、布撤防时间、报警信息记录与存储、与视频监控系统和（或）出入口控制系统的联动规则、操作权限、运行日志和操作日志存储时间等系统配置和参数，并确保这些配置和参数在运行管理过程中不被非授权改变。联网报警系统应一个月保养测试1次，并由区域报警中心出具联网测试报告提交建设单位。

2. 确认视频监控系统的监视点位、视频信息记录与存储、与入侵和紧急报警系统和（或）出入口控制系统的联动规则、操作权限、运行日志和操作日志存储时间等系统配置和参数。

3. 确认出入口控制系统的受控点、出入控制权限、人员出入信息记录与存储、与入侵和紧急报警系统和（或）视频监控系统的联动规则、操作权限、运行日志和操作日志存储时间等系统配置和参数。

4. 确认其他子系统的前端设备点位、工作要求、联动规则、操作权限、运行日志和操作日志存储时间等系统配置和参数。

5. 确认系统和设备的时钟偏差应符合国家现行有关标准的规定。

二、安全防范系统运行的工作内容要求

1. 安全防范系统运行的工作内容

安全防范系统运行单位应确认系统运行的各项工作内容,并符合下列规定。

(1)确认系统运行中需要管理的事件、报警信息类型清单等内容。明确运行要求。

(2)根据事件、报警信息类型清单,结合保护对象所在的周边、道路、人流密集区域、案(事)件多发地段等情况,确认系统运行的报警和接收、监控和录像、授权和控制等要求。

2. 安全防范系统的预案编制

安全防范系统的预案编制应遵循安全防范三要素"$T_{探测}+T_{延迟} \geq T_{反应}$"的原则。要注重事件/报警信息处置预案的编制。

3. 安全防范系统的故障报警处置

安全防范系统的故障报警处置主要分为报警类事件、故障类事件和异常类事件的处置。报警类事件按警情处置预案和流程进行处置,故障类事件按维护流程进行处置,异常类事件要重点关注并复核后再进行处置。

三、安全防范系统运行的指导要求

安全防范系统运行单位应根据国家现行有关标准,编制安全防范系统运行的指导文件或操作规程。安全防范系统运行的指导文件或操作规程包括下列内容。

1. 值机人员、现场处置人员的岗位职责。
2. 安全防范系统运行的工作内容、要求与处置流程。
3. 突发事件应急预案。
4. 值机日志。值机日志包括日期、天气、常规操作情况、时间或特殊操作情况、系统和设备的运行情况、接办事务处理情况、接办事务处理要求、按照工作规则、处置预案等完成值机工作任务。
5. 值机人员交接班要求。值机人员交接班要求包括各保卫区域基本情况、系统和设备运行情况、事件/报警信息处理和待处理情况、接办或续办事务等内容、其他需要交接的工作要求。

四、安全防范系统运行的记录要求

1. 安全防范系统运行应根据指导文件或操作规程进行值机和现场处置。

2. 值机人员和现场处置人员的操作、处置过程应在系统运行表中记录。

3. 对事件/报警信息处置操作情况进行监督、检查,对事件/报警信息进行分类统计和分析。

4. 对报警信息采用包括视频、电话、声音等手段进行复核,对于无法确认现场情况的,应指派现场处置人员赴现场复核。

五、安全防范系统运行的评估要求

安全防范系统的配置和基本设置,在运行中报警和接收数据、监控和录像、授权和控制等的规范性、正确性和符合性,是安全防范系统运行的基本保障。

安全防范系统建设(使用)单位一般在安全防范系统建设、改建或扩建前期进行被保护对象的风险评估工作,目的是查找、预测、分析被保护对象的威胁和弱点程度,提出合理可行的安全对策、措施,指导威胁监控和落实薄弱环节的防护。安全防范系统风险评估应按照标准基线进行或进行安全防范脆弱性评估。

学习单元2 安全防范系统维护保养的基本要求

一、安全防范系统建设(使用)单位的要求

1. 制定规章制度

制定安全防范系统使用、管理和维护保养的规章制度,建立维护保养工作的长效机制,保证安全防范系统有效运行,充分发挥安全防范系统的防范效能。

2. 设置专项经费

在财务预算中,列支用于安全防范系统维护保养的专项经费,确保安全防范系统维护保养工作顺利开展。

3. 提供技术资料

提供安全防范系统的技术资料和其他相关资料,确保维护保养工作顺利进行。

技术资料包括以下内容。

（1）工程竣工文件（项目设计文件、施工文件、验收证明文件、使用/维护手册、技术培训文件等）。

（2）工程竣工图纸（设计说明、总平面图、系统图、设备器材平面布置图、传输及系统布线图、监控中心布局图、主控设备布置图、设备接线图、施工大样图等）。

（3）系统运行及维护保养记录（系统运行情况记录、系统检查记录、系统改造说明或记录、维护保养记录、故障处置记录等）。

4. 签订保密协议

与安全防范系统维护保养单位签订保密协议，落实保密责任与措施。

二、安全防范系统维护保养单位的要求

1. 基本要求

安全防范系统维护保养单位应在中华人民共和国境内注册，具备独立法人资格和维护保养能力。

2. 维护保养人员要求

安全防范系统维护保养单位的维护保养人员应满足以下要求。

（1）通过安全防范系统维护保养单位的审查，录用，并签订用工合同和保密承诺书。

（2）具备维护保养工作要求的应知、应会业务技能。

（3）符合安全防范系统建设（使用）单位提出的其他要求。

3. 仪器设备要求

安全防范系统维护保养单位应配备满足安全防范系统维护保养工作要求的仪器设备和常用备品备件。

4. 规章制度要求

安全防范系统维护保养单位应建立完善的维护保养管理制度、服务规程、质量管理标准、安全生产要求等。

三、安全防范系统维护保养的工作程序要求

1. 维护保养的程序

安全防范系统交付使用后，安全防范系统建设（使用）单位应制定维护保养

规划，并提出维护保养需求。

安全防范系统维护保养的工作程序如图2-4所示。

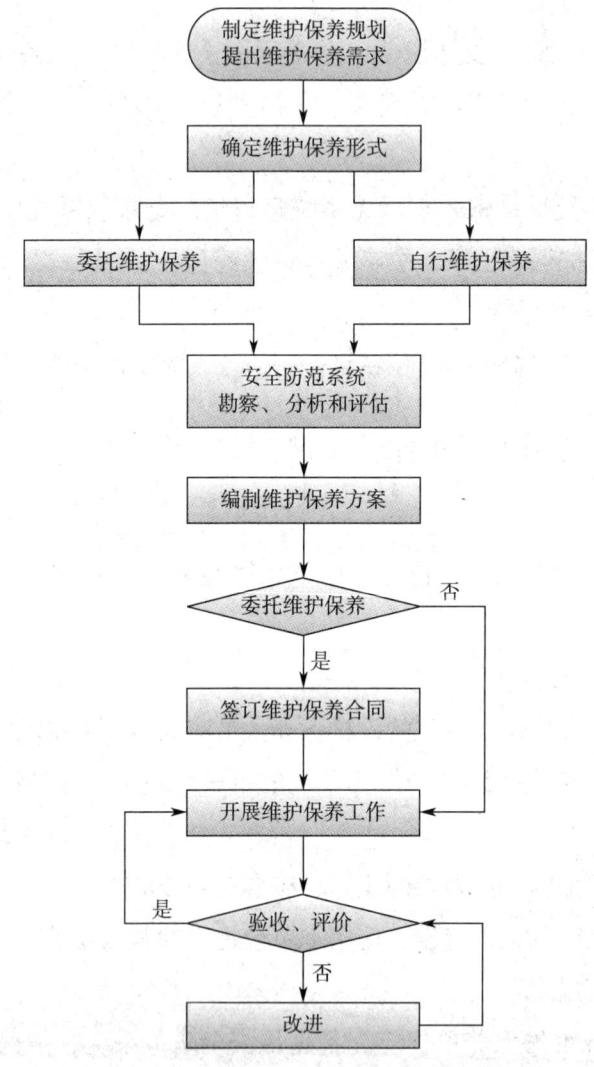

图2-4 安全防范系统维护保养的工作程序

2. 维护保养的标准

安全防范系统建设（使用）单位应根据安全防范系统的规模、维护保养需要和经济实力，委托安全防范系统维护保养单位或自行开展维护保养工作。安全防范系统建设（使用）单位委托安全防范系统维护保养单位开展维护保养工作时，应选择符合公共安全行业标准《安全防范系统维护保养规范》（GA/T 1081）的安全防范系统维护保养单位；安全防范系统建设（使用）单位自行开展维护保养工作时，维护保养人员应符合公共安全行业标准《安全防范系统维护保养规范》(GA/T 1081)。

3. 维护保养的准备

开展维护保养工作前，应对安全防范系统进行勘察、分析和评估，并编制勘察报告。

4. 维护保养的方案

根据勘察报告和相关标准编制安全防范系统维护保养方案。安全防范系统维护保养方案包括以下内容。

（1）安全防范系统的基本情况、主要设备材料与主要功能、性能。

（2）系统（设备）故障风险分析与评估。

（3）维护保养对象与周期。

（4）维护保养内容与要求。

（5）维护保养实施组织方案。

（6）维护保养备品备件配置与管理。

（7）系统（设备）故障、应急维护的保障措施。

（8）重大节假日、重大活动期间的保障措施。

（9）维护保养费用预算等。

5. 维护保养方案的确定

开展安全防范系统维护保养时，维护保养方案应经安全防范系统建设（使用）单位和维护保养单位共同确认并签订维护保养合同。

6. 维护保养人员的工作

维护保养人员应按照安全防范系统维护保养方案开展维护保养工作。每次维护保养工作完成后，维护保养人员应详细记录维护保养工作内容、系统维护保养后的运行状态、发现的问题及处置方式、相关建议等，经安全防范系统建设（使用）单位和维护保养单位确认后存档。

7. 维护保养的验收、评价

安全防范系统建设（使用）单位应对每次维护保养工作进行验收、评价，也可邀请具备相应资质的第三方机构进行检验。验收、评价应包括维护保养工作效果和维护保养人员的工作态度、工作效率、安全生产等内容，经安全防范系统建设（使用）单位和维护保养单位确认后存档。

四、安全防范系统维护保养的工作内容与要求

1. 维护保养的基本要求

（1）安全防范系统维护保养包括检查、清洁、调整、测试、优化系统、备份数据、排查隐患、应急维修、处置问题等工作。

（2）对设备进行物理检查、运行环境检查、电气参数与性能检查等。

（3）根据设备类型及受污染情况，使用吸尘、吹尘、刷、擦等方法清理设备表面或内部的灰尘、污物等。

（4）按照使用管理要求、标准规范、技术手册，设置或校正设备的安装位置、防护范围、电气参数、运行模式等。

（5）按照使用管理要求、标准规范、技术手册，测量试验系统（设备）的功能、性能。

（6）按照使用管理要求、标准规范、技术手册，合理配置和优化系统（设备）的基本参数。

（7）根据使用管理要求，对重要数据进行转存、转录，并确保数据和存储介质的安全。

（8）详细检查并记录可能造成安全防范系统不稳定运行及系统设置，功能、性能等不满足标准规范和使用管理要求的情况。

（9）按照设备的维修规程和安全防范系统的操作规程，在规定时间内完成应急故障修复。

（10）根据检查、测试及隐患排查过程中发现的问题，提出处置建议，经安全防范系统建设（使用）单位同意后，及时采取相应措施解决，并详细记录处置过程。

2. 维护保养的周期

（1）入侵和紧急报警系统、视频监控系统、出入口控制系统、停车库（场）安全管理系统、防爆安全检查系统、电子巡查系统、声音复核系统、安全防范管理平台等宜每6个月至少进行1次预防性维护。

（2）系统供配电设备、不间断电源系统宜每6个月进行1次预防性维护，蓄电池宜每3个月进行1次预防性维护。

（3）柴油发电机组应每月进行1次预防性维护；每年至少进行1次带载测试；每2年或累计运行250 h进行三滤、机油、冷却液更换。

（4）浪涌保护器宜每 6 个月进行 1 次功能检查，检查时应对浪涌保护器的输入开关进行通断试验。

（5）防雷与接地装置的电气连通性应每年进行 1 次检测。

（6）供配电线路宜每年进行 1 次预防性维护。

（7）监控中心及机房的环境和设备监控系统应每 6 个月进行 1 次预防性维护。

五、安全防范系统维护保养的费用测算

安全防范系统的维护保养费用可参照《安全防范工程建设与维护保养费用预算编制办法》（GA/T 70）标准测算。

学习单元 3　安全防范系统检验的基本要求

一、安全防范系统检验的基础知识

1. 安全防范系统检验的项目

安全防范系统竣工验收前，应由专业检验机构对系统的架构、实体和电子防护的功能、性能，安全性，电磁兼容性，防雷与接地，供电，信号传输，设备安装及监控中心等项目进行检验。

2. 安全防范系统检验的要点

安全防范系统检验的要点包括检验对象、检验依据、检验手段、检验数据、检验结论等。安全防范系统的检验对象为施工验收前的新建、改建、扩建系统，或已交付使用且运行中的系统。在安全防范系统检验中必须对质量特性进行观察、测量、试验和判断。

二、安全防范系统检验的依据

1. 安全防范系统检验应依据竣工文件和国家现行有关标准，检验项目应覆盖合同、深化设计文件及变更文件的主要技术内容。

2. 安全防范系统竣工验收、定期检测项目应符合系统所属行业的管理和标准规定，及系统设计的关键要素和主要范围，对系统的主体特性作出全面、客观地

评价，并出具检测报告。

三、安全防范系统检验的程序

为了保证安全防范系统检验的质量和实施，检验的程序包括提出检验申请与提交资料，制定检验方案和实施细则，现场检验，编制检验报告与做出检验结论，复检，运行检验等。在受检系统的技术文件中，有变更的文件应经甲乙双方确认盖章。

1. 检验申请和检验资料

受检单位应提出检验申请，并至少提交合同、设计任务书、深化设计文件、变更文件等，系统运行检验还应提供与维护保养、更新等相关的资料。主要资料包括合同、深化设计文件、合同设备清单（设备维护保养、更新清单）、变更文件、隐蔽工程随工验收单、初步验收报告、试运行记录、主要设备的检验报告或认证证书等。

2. 检验方案和实施细则

检验机构应在实施安全防范系统检验前，根据相关标准和提交的资料确定检验范围，制定检验方案和实施细则。

3. 现场检验

检验人员应根据检验方案和实施细则进行现场检验。制定检验方案是安全防范系统检验的关键步骤，非常重要。安全防范系统的特性和存在的缺陷只有通过周密的检验方案才能反映出来。实施细则应当规定检验过程的主要检验依据、检验项目、使用仪器、抽样率、人员组成、检验步骤、检验周期等内容。

4. 检验报告和检验结论

安全防范系统检验完成后，应编制检验报告，做出检验结论。

5. 复检

安全防范系统检验中有不合格项时，应改正后复检。

6. 运行检验

安全防范系统交付使用后，根据实际需要建立定期检测的管理机制，对安全防范系统进行运行检验，确保安全防范系统安全、稳定、可靠运行。

学习单元 4　安全防范系统常见故障的表现形式和处置程序

一、入侵和紧急报警系统常见故障的表现形式和处置程序

入侵和紧急报警系统是安全防范系统的重要组成部分，并得到广泛应用。由于系统规划设计、安装调试或操作因素，会存在一些与实际应用要求不符的情况，直接影响入侵和紧急报警系统的功能和作用。这些系统故障与设备和系统选型、安装调试、维护操作等存在的问题密切相关。

入侵和紧急报警系统是一套全方位的电子入侵探测布控网络，随着使用时间的推延，系统和设备的性能会衰减老化，产生故障不可避免，应对各类故障分析研究，寻找原因，确定排除故障的方法。

1. 误报警的表现形式和处置程序

没有入侵危险情形或实际不需报警，而入侵和紧急报警系统发出报警信号，即为误报警。误报警可能是恶劣自然气候、入侵和紧急报警系统无法控制和用户误操作等引起。误报警并不一定是故障，但一般也可以归纳到故障处置程序。

（1）设备性能老化引起的误报警

表现形式：误报警可以在任何时间出现。通常是入侵和紧急报警系统使用时间、备件储存时间及电源负载等因素的变化，导致元器件发生变化。

处置程序：用替换法排除设备自身故障。如果是设备故障，则维修或更换设备。

（2）设备选型不当引起的误报警

表现形式：微波多普勒移动探测器穿墙透视效应形成的误报警，强震源（采石场、铁路旁）、电铃声、金属撞击声等设备引起的误报警。

处置程序：确认原因后调整设备或更换前端设备。

（3）前端设备的安装位置或角度问题引起的误报警

表现形式：被动红外入侵探测器、微波探测器靠近空调、换气扇等热源环境安装时，引起的误报警。

处置程序：根据现场情况调整前端设备的位置或角度，避免冷热变化环境或外界其他因素影响。

（4）探测区域环境因素引起的误报警

表现形式：脉冲围栏安装在中强雷区，主动红外对射式入侵探测器的探测区域内有摇摆幅度大的绿植树木或其他飘移物品，被动红外入侵探测器的探测区域内有热气流等环境因素引起的误报警等。

处置程序：在中强雷区，应考虑采用引雷措施；对于探测区域内的环境因素引起的误报警，解决环境影响问题；采用复合型技术探测设备或入侵报警／视频监控系统复合模式降低或消除误报警。

（5）施工质量引起的误报警

表现形式：电子脉冲围栏没有做好绝缘处理，导致短路；主动红外入侵探测器防区配对不合适等。

处置程序：在入侵和紧急报警系统施工安装调试过程中，做好绝缘保护；严格按照探测器技术指导文件进行设备安装配对。

2. 常见故障的表现形式和处置程序

（1）报警控制器键盘不受控制

表现形式：无法通过操作键盘进行任何设置操作。

处置程序：测试操作键盘是否损坏、功能是否正常，如果损坏则予以更换。

（2）不能布防或撤防

表现形式：无法通过操作键盘进行布防或撤防。

处置程序：检查确定操作是否规范；如果操作规范，应检查防区是否处于触发状态或防区回路连接是否错误。根据排查结果，进行故障排除。

（3）防区不报警

表现形式：无法接收前端设备的报警信号。

处置程序：检查防区是否处于布防状态；检查防区是否屏蔽；检查防区选择是否正确；检查相关电源、信号线路或接口是否正确；检查探测设备是否规范安装；检查前端设备是否处于工作状态或损坏。根据排查结果，进行故障排除。

（4）探测灵敏度降低

表现形式：不能灵敏探测入侵行为。

处置程序：检查探测设备探测面是否清洁，是否有物品遮挡；检查探测设备是否被移动；检查探测距离是否超出防范的区域；检查功能开关等设置是否正确，检查探测器是否已老化。根据排查结果，进行故障排除。

3. 其他故障的处置

对于入侵和紧急报警系统的其他故障，可按照相关技术指导文件进行排查、判断和处置。

二、视频监控系统常见故障的表现形式和处置程序

视频监控系统是安全防范系统的重要子系统。视频监控系统验收交付开始使用后可能发生各种故障，不能正常运行、达不到设计要求的技术指标和整体性能等。对视频监控系统常见故障进行了解和识别，掌握故障的检查程序和排除方法，是确保视频监控系统运行质量的关键。

1. 常见故障的表现形式和处置程序

（1）图像丢失

表现形式：在显示端无法显示图像（黑屏、无信号）。

处置程序：检查前端电源、信号线路或接口是否损坏；检查摄像机是否丢失、被遮挡或已损坏；检查显示装置是否损坏。根据排查结果，进行故障排除。

（2）监控画面不清晰

表现形式：画面模糊或清晰度明显降低。

处置程序：检查摄像机镜头或防护罩透视面玻璃是否清洁；检查摄像机焦距是否正确；检查视频监控系统前、后端设备清晰度配置是否正确；检查摄像机的安装位置、方向对摄像机图像摄取是否存在干扰因素；检查环境照度是否满足摄像机工作的要求。根据排查结果，进行故障排除。

（3）画面呈现黑白条杠

表现形式：画面有滚动的黑色或白色条杠。

处置程序：检查电源和信号是否有干扰源；检查显示屏是否损坏。根据排查结果，进行故障排除。

（4）前端摄像机不能操作控制

表现形式：前端摄像机的焦距或云台无法操作控制。

处置程序：检查操作权限是否符合规定；检查操作密码是否正确；检查接线端口是否正确；检查设置是否被改动；检查云台控制器是否正常。根据排查结果，进行故障排除。

（5）显示画面停滞

表现形式：显示端出现静止画面。

处置程序：检查录像设备、矩阵、解码器的操作系统是否死机；检查前端、中继端是否损坏或被非预期接入其他设备。根据排查结果，进行故障排除。

（6）系统无法启动

表现形式：视频监控系统无法启动，屏显停留，无法进入操作界面。

处置程序：检查启动硬盘是否损坏。根据排查结果，进行故障排除。

（7）回放图像问题

表现形式：视频监控系统回放图像时，监控对象移动剧烈，图像产生马赛克、拖尾或模糊。

处置程序：检查系统清晰度设置是否被改动；检查系统配置是否符合清晰度要求。根据排查结果，进行故障排除。

（8）音视频不同步或回放声音差

表现形式：视频监控系统回放记录时，声音明显滞后于图像，且声音嘈杂。

处置程序：检查系统设置是否被改动；检查综合布线系统配置是否符合规范；检查拾音器采集装置是否有问题。根据排查结果，进行故障排除。

2. 其他故障的处置

对于视频监控系统的其他故障，可按照相关技术指导文件进行排查、判断和处置。

三、出入口控制系统常见故障的表现形式和处置程序

出入口控制系统是由识读部分、传输部分、管理/控制部分和执行部分以及相应的系统软件组成，包括识读装置、控制器、电控锁、出门按钮、通行卡片和计算机等。

1. 常见故障的表现形式和处置程序

（1）系统无法识别

表现形式：操作识读装置后无法打开门锁。

处置程序：检查通行人员的权限；检查识读装置是否正常；检查门禁电源或接线是否正常；检查电控锁是否故障或卡死；检查门禁控制机是否损坏。根据排查结果，进行故障排除。

（2）系统无法授权

表现形式：无法增减通行人员，或无法进行权限设置。

处置程序：检查操作密码是否正确；检查操作流程是否正确；检查人员入库资料是否符合要求；检查发卡装置是否正常。根据排查结果，进行故障排除。

（3）无法正常上锁

表现形式：打开门锁后无法关闭。

处置程序：检查电源是否正常；检查控制信号线是否完好；检查控制信号设置是否正确；检查闭门器是否正常。根据排查结果，进行故障排除。

2. 其他故障的处置

对于出入口控制系统的其他故障，可按照相关技术指导文件进行排查、判断和处置。

四、智能技术防范系统常见故障的表现形式和处置程序

智能技术防范系统由身份数据采集与传输、智能集成数据服务、视频监控系统、出入口控制系统、智能集成应用平台和程序等组成。人脸数据库是根据相关规定、统一输出协议和数据格式建立的，不同系统之间的人脸数据库通信是智能安全防护的基本条件，也是实现智能联动、智能应用、数据清洗等的首要条件。

1. 常见故障的表现形式和处置程序

（1）人脸不能识别

表现形式：设备画面正常，但智能技术防范系统不能识别人脸。

处置程序：检查相关设备是否损坏；检查人脸数据库信息是否录入；检查是否设置了未开启白名单与陌生人识别；检查各接口接插是否稳固；检查录入的人像照片数据是否满足统一输出协议及数据格式的要求。根据排查结果，进行故障排除。

（2）人脸识别速度慢

表现形式：设备画面正常，但人脸识别速度慢。

处置程序：检查摄像机视角是否符合要求；检查识别区域照度是否符合要求；检查人脸数据库录入信息是否差异过大；检查被识别人员装束、表情等是否符合规定要求。根据排查结果，进行故障排除。

（3）人脸识别准确度低

表现形式：设备画面正常，但一直出现人脸识别错误。

处置程序：检查设备的识别阈值设置；检查摄像机视角是否符合要求；检查识别区域照度是否符合要求；检查人脸数据库录入信息是否差异过大；检查被识别人员装束、表情等是否符合要求。根据排查结果，进行故障排除。

2. 其他故障的处置

对于智能技术防范系统的其他故障，可按照相关技术指导文件进行排查、判断和处置。

第三章 保卫管理

第一节 制度落实

学习单元 1　单位保卫工作责任制

一、单位保卫工作责任制的基础知识

1. 单位保卫工作责任制的概念

单位保卫工作责任制是将单位保卫工作纳入目标管理责任制、经济责任制和岗位责任制，与生产、经营、工作、科研、教学等活动同部署、同检查、同考核、同奖惩的一种管理制度。

2. 单位保卫工作责任制的主要内容

根据所在地人民政府或者行业系统主管部门的社会治安防范规划，建立单位内部治安防范目标管理责任制度；健全保卫组织，配备专职或者兼职的保卫人员；落实单位内部治安防范措施，定期检查，及时治理治安隐患；对本单位员工和实有人口进行法制教育和管理；调解员工纠纷；按照有关规定，参与所在地的社会治安防范工作。

单位法定代表人或者主要负责人作为单位保卫工作的第一责任人，应切实承担起领导责任，认真研究部署和检查落实保卫工作，从单位具体情况出发，建立健全保卫工作制度，推行保卫工作责任制。单位保卫工作责任制应包括各岗位的责任人员、责任范围和考核标准等核心内容。

（1）明确岗位责任人。从单位主要领导、分管领导、保卫部门领导，到保卫管理人员、部门主管、基层员工，都要明确岗位职责和岗位分工，层层签订保卫工作责任书。要防止责任主体不明确导致无人负责的现象。

（2）明确岗位责任范围。在明确责任人的同时，单位保卫工作责任制还必须明确各岗位的责任范围，解决每个岗位"负什么责任"的问题，使每个人都清楚自己的责任所在，防止责任不明，无所适从。

（3）明确考核标准。各岗位责任人是否严格履行了责任，履行责任的程度和效果如何，需要有一套标准来加以考核。考核标准要具有针对性和可操作性，适用不同岗位、不同人员的实际情况。

3. 单位保卫工作责任制的作用

（1）建立单位保卫工作责任制，可以使单位内部各类人员在工作中分担安全责任，确保职责明确，分工协作，共同努力做好保卫工作。

（2）建立单位保卫工作责任制，可以防止在保卫工作中出现混乱、互相推诿、无人负责的现象，把安全与日常工作从组织领导上协调统一起来。

（3）建立单位保卫工作责任制，可以更好地发挥保卫机构的监督保障作用，真正成为本单位领导在保卫工作上的助手和保卫工作的组织者。

（4）建立单位保卫工作责任制，发生突发事件之后，有利于事件的调查、分析和处理，容易分清责任、吸取教训，对进一步改进保卫工作具有积极的作用。

二、单位保卫工作责任制实施方案的编制

1. 单位保卫工作责任制实施方案编制的要求

（1）合法合规。单位保卫工作责任制实施方案必须符合国家的法律、法规和政策、方针，并适时修订。

（2）全面覆盖。单位保卫工作责任制实施方案要与本单位的管理体制协调一致。应根据组织机构、岗位设置等实际情况编写岗位保卫管理责任书，确保责任书覆盖所有组织、所有部门、所有岗位和所有人员，消除责任真空，实现一级对一级、一书对一岗，所有部门岗位安全管理责任无缝对接。

（3）针对性强。单位保卫工作责任制实施方案要保证内容的针对性、准确性和清晰性。各单位之间以及单位各部门之间、各岗位之间都存在岗位内容与责任的差异。因此，编制单位保卫工作责任制实施方案时要根据本单位的特点，结合岗位的实际情况，确保内容完整、具体明确，具有可操作性，防止形式主义。

（4）奖惩明确。单位保卫工作责任制实施方案应涉及监督、检查、考核等方面的内容，量化考核指标，辅之以相关考核办法，对单位保卫工作责任制不落实或落实不到位，或由此造成责任事故的部门和人员进行相应的处罚。

2. 单位保卫工作责任制实施方案编制的步骤

（1）理清编制需求。针对本单位保卫工作情况，需要在单位现有保卫工作责任制的基础上，结合当前国家新法规、新要求，本单位的管理现状和未来发展，系统梳理，明确问题清单，列出具体需求。

（2）开展学习调研。针对单位需求，收集同行、相关行业或研究机构关于单位保卫工作责任制实施方案的编制实践案例、研究成果或经验介绍等，提炼适合本单位的要素、条件、标准等。

（3）梳理责任分类。单位应从组织架构、业务流程等方面入手，在单位全部保卫工作内容的基础上，归纳本单位保卫工作责任的分类与分工，逐级逐项分解落实到具体业务、具体岗位，形成责任分工清单。

（4）组织内容编写。要确保单位保卫工作责任制实施方案的内容切实符合各级部门和各个岗位的实际情况，需要成立编写组织，并邀请各方代表参与编写。编写时，应充分考量业务职责与保卫工作责任的关系，力图做到操作性强，有时间限制，有具体目标，便于考核。

（5）严格仔细审定。审定单位保卫工作责任制实施方案时，应充分关注单位负责人、业务部门主管、基层部门负责人、一线员工对单位保卫工作责任制实施方案的内容如何看待，持哪些意见，并通过不断地修改完善，直至符合本单位的要求和大多数人的看法。这是一个沟通协调、达成共识的过程。

（6）持续完善建设。在单位保卫工作责任制实施方案编制和执行过程中，可能存在：岗位责任确定不准确、不全面的情况；单位保卫工作责任制自身运行的方式方法仍有不足或缺陷的情况；国家法律和地方法规重新修订，单位机构调整、职能转变等变化。单位需要根据自身特点对单位保卫工作责任制实施方案进行调整和完善，使之更切合实际。

三、单位保卫工作责任制体系与机制的建立

高效的单位保卫管理必须通过完善的责任制体系来实现。单位保卫管理取得成效，实现社会治安的持续稳定，关键是制定和实施各种形式的单位保卫工作责任制，建立"纵向统管、横向联系、重点负责"的责任制体系，做到责、权、利的有机统一，是使单位保卫管理原则落到实处的有效途径和方法。纵向统管是指建立各级领导负责制；横向联系是指建立社会方方面面的责任制；重点负责是指建立重点单位、重要部位的岗位安全责任制。

1. 单位保卫工作责任人及其责任

（1）单位法定代表人的责任。单位法定代表人是保卫工作第一责任人，对本单位的保卫工作全面负责。单位法定代表人可以委托或指定保卫工作分管领导具体负责保卫工作。单位法定代表人的责任包括以下内容。

1）建立单位保卫工作责任制。单位领导与所属部门负责人之间、部门负责人与工作人员之间，逐级签订保卫工作责任书，确保保卫工作落到实处，不留死角。

2）建立保卫工作考核制。各级评优和员工考核、晋职、晋级与保卫工作挂钩，实行"一票否决制"。

3）建立保卫工作奖惩制。对认真履行单位保卫工作责任制的，予以奖励；对不履行单位保卫工作责任制的，予以惩罚。

4）督促、检查本单位的保卫工作，及时治理安全隐患。

5）组织制定并实施本单位处置各类案（事）件以及事故的应急预案。

6）及时、如实报告各类案（事）件以及事故的情况。

7）根据保卫工作的实际需要提供必要的组织、设备、经费等保障。

（2）党委工作负责人（党委书记）的责任。按照"党政同责、一岗双责、齐抓共管"的原则，党委工作负责人（党委书记）对单位保卫工作负主要领导责任。党委工作负责人（党委书记）的责任包括以下内容。

1）负责召集和主持党委成员学习保卫工作的相关法律、法规和规章制度。贯彻执行国家、地方政府的安全工作方针、政策、法规、标准，对单位贯彻党和国家安全工作方针、政策起保证和监督作用。

2）参加单位保卫工作会议，对保卫工作的重大事项、重大安全工作决策提出意见。指导单位依法设置保卫工作机构，配备专职、兼职保卫人员。参与审定单位保卫工作建设发展规划和保卫管理制度。

3）建立健全单位保卫工作责任制。按照"党政同责、一岗双责"的要求，参与审查党委班子成员、分管部门负责人的保卫工作责任制。

4）组织制定、督促实施安全宣传教育工作，宣传贯彻落实党和国家以及行业保卫工作的方针、政策、法律、法规。不断研究保卫工作中出现的新问题，积极推进单位安全文化建设和保卫工作标准化建设，建立保卫管理长效机制。

5）负责将保卫工作纳入党委工作考核内容，督促单位各级安全管理人员履行保卫工作职责，督促落实单位保卫工作目标考核办法。

6）参与实施保卫部门职责范围内的突发事件应急救援和善后处理等工作，落实事故事件责任人员的处理意见。

（3）保卫工作分管领导的责任。单位法定代表人可以委托或指定保卫工作分管领导具体负责保卫工作。保卫工作分管领导的责任包括以下内容。

1）严格执行国家和地方关于保卫工作的法律、法规，以及上级主管单位的有关制度和要求。

2）具体负责组织制定本单位、本部门的保卫工作各项管理制度和应急预案。

3）负责落实单位保卫工作责任制，签订保卫管理责任书。

4）负责组织对保卫工作进行监督、检查，针对存在的问题，采取有效措施，及时治理隐患，堵塞漏洞。

5）负责组织开展保卫工作相关法律、法规和制度的学习与培训，提高员工遵纪守法和安全防范意识，增强自防自救能力。

6）负责保卫工作的部署、总结、评比、验收和奖惩。

7）负责现场指挥、组织协调重大案（事）件和事故的调查处理。

（4）保卫部门的责任。根据保卫工作需要，治安保卫重点单位设置与保卫任务相适应的保卫部门；其他单位配备专职、兼职治安保卫人员；根据单位具体情况，设置必要的治安防范设施。保卫部门的责任包括以下内容。

1）负责本单位保卫工作的具体开展，完成上级主管单位、地方政府有关部门和本单位领导部署、交办的各项工作，协调处理相关事务。

2）依照国家和地方有关法律、法规以及上级主管单位和本单位的有关制度，落实、指导、协调、监督、检查保卫工作，处置各类突发案件。

3）组织开展防火、防盗、防诈骗、防失泄密、防灾害事故等方面的宣传、教育。

4）落实各项单位保卫工作责任制和安全防范措施，及时发现治安隐患，提出整改意见和措施，监督落实。

5）负责保卫工作信息报送。

6）保护案（事）件和事故现场，维护秩序，协助有关部门做好调查和处置工作。

7）确定并确保重要部位和重点防范部位的安全。

8）严格管理危险化学品、放射性物品、有毒有害物质、枪支弹药和稀有贵重物品，落实人防、物防和技防措施。

9）做好在本单位活动中保卫对象的安全保卫和本单位组织的大型活动的保卫工作。

10）配合有关部门调解、疏导各类矛盾和纠纷，消除化解不安定因素，维护单位内部稳定。

11）协助司法机关帮助、教育、监督、考察轻微违法犯罪人员和监外执行人员、社区矫正人员。

12）负责单位安全防范设备设施、器材器具的检查和维护保养，确保有效使用。

13）协助有关部门做好单位实有人口管理。

14）单位其他保卫工作。

（5）单位所属部门领导的责任。单位的行政、财务、供销、物资、生产技术、基建等部门，应切实做好本部门业务管理范围内的保卫工作。单位所属部门领导的责任包括以下内容。

1）负责本部门的各项保卫工作。

2）负责对本部门生产生活场所，设备设施运行，器材物资、危险物品的使用与保管和操作规程执行等安全情况进行检查，发现隐患，及时报告，及时整改。

3）负责协助有关部门调解、疏导内部矛盾与纠纷，化解、消除不安定因素。

4）负责保护案（事）件和事故现场，协助有关部门调查处理。

5）负责签订保卫管理责任书。

（6）基层员工的责任。在单位管理范围内的人员，应当遵守单位保卫制度。基层员工的责任包括以下内容。

1）遵守国家和地方保卫工作的相关法律、法规以及上级单位和本单位保卫工作的相关制度，维护国家和集体利益，保护国家和单位财产安全，服从保卫部门及保卫人员的管理。

2）主动报告单位存在的治安隐患，积极提出整改建议。

3）爱护单位安全防范设备设施、器材器具和标志。

4）熟悉本岗位安全管理规定，掌握自防自救方法。对发生的一般性案（事）件和事故，做到会处置、会自救、会报警、会使用防卫器材、会保护现场。

2. 单位保卫工作责任制的监督、检查、考核机制

单位应建立单位保卫工作责任制的监督、检查、考核机制，制定相关办法，量化考核指标，建立运行激励机制，对单位保卫工作责任制不落实或落实不到位，造成损害后果的部门和人员进行相应的处罚。

（1）治安防范目标管理责任制。治安防范应当由上级机关对单位和部门以及

有关人员的全年治安防范目标实行量化管理。在规定的期限内，依据责任目标进行检查和考核，并根据检查和考核结果进行表彰或责任追究。治安防范目标管理责任制切实保证有关领导任务明确，责任清楚，在本辖区或者管理范围内认真履行自己的职责。所以，在治安防范目标管理责任制中，领导责任制是至关重要的。领导责任包括领导个人责任和领导集体责任。

（2）治安防范责任追究制。治安防范责任追究制，是指在治安防范工作中，由于责任人或者当事人的故意或者过失行为，造成一定损害后果的，由政府或者行业系统主管部门依法追究其违法违纪责任。治安防范责任追究除了追究个人的责任之外，还应根据有关规定和责任认定，追究集体责任。

（3）"一票否决制"。"一票否决制"是社会治安综合治理中目标导向制约机制的重要体现。对于治安防范工作而言，"一票否决制"主要围绕治安防范的职责规定和目标管理而设立。社会治安综合治理包括打击、防范、教育、管理、建设和改造等六个方面的工作。在实践中，一些地区、部门、单位设定了一个发案率的数量标准，以此作为是否行使"一票否决制"的重要依据。"一票否决制"对于强化单位各级领导对治安防范工作的重视，保证治安防范措施的强力推行，确实具有"一票定乾坤"的作用。

（4）治安防范工作的奖励与处罚。根据《企业事业单位内部治安保卫条例》，单位必须建立健全治安防范工作的奖励与处罚机制。

1）奖励。治安防范工作成绩突出的地区、行业系统、单位的治安责任人，单位法定代表人和个人，由政府或者行业系统主管部门给予奖励。予以奖励的行为包括：切实履行职责，成绩显著；开展法制宣传教育，帮教违法犯罪人员成绩显著；预防或者制止重大刑事、治安案件和重大治安灾害事故发生；抓获现行犯罪分子，检举、揭发犯罪行为或者协助破案有功；在社会治安防范工作中有其他显著成绩。

2）处罚。在治安防范工作中，单位治安责任人或者单位法定代表人的故意或者过失行为，造成一定后果的，由政府或者行业系统主管部门依法追究其行政责任，构成犯罪的，依法追究其刑事责任。列入处罚的行为包括：单位治安责任人或者单位法定代表人工作不负责任，发生特大案件或者恶性治安灾害事故，造成严重损失或者恶劣影响；管理不善、防范措施不落实，发生刑事案件或者治安灾害事故，使国家、集体财产遭受损失，又不认真查处、改进工作；对公安和司法机关的整改通知书、检察建议书、司法建议书以及上级主管部门所指出的重大治安隐患,不采取有效措施;内部社会治安防范目标管理责任制不落实,本单位员工或者暂(寄)住人口中违法犯罪情况严重的;发生重大刑事、治安案件和治安灾害事故,隐瞒不报或者虚假报告。

学习单元2 单位保卫工作制度的执行

一、单位保卫工作制度执行的检查方法

1. 经常性检查

经常性检查是指保卫人员和单位员工在日常生产、学习和工作中进行的保卫工作制度执行情况的安全检查。例如,保安员的日常巡逻巡查。

2. 定期检查

定期检查是指单位或上级主管部门定期组织的保卫工作制度执行情况的全面安全检查。例如,季节性检查、季度检查、半年或一年检查等。各级定期检查都应由主要负责人亲自组织领导,由保卫、后勤、设备、安全生产、基建、纪监等有关部门的专业人员参加,使用安全检查表或拟定检查提纲进行检查。

3. 专项检查

专项检查是指单位根据安全管理的需要,组织专业人员,针对某一项保卫工作制度执行情况进行的安全检查。例如,有关部门对军品押运工作相关制度执行情况组织的专项检查,有关部门对中小学校园保卫工作相关制度执行情况组织的专项检查等。

4. 突击检查

突击检查是指一种无固定时间、无固定频率的检查,是对某个单位、某个部门保卫工作制度的执行情况进行的暗查暗访,通常坚持"四不两直"原则,即"不发通知、不打招呼、不听汇报、不用陪同接待,直奔基层、直插现场"。

二、单位保卫工作制度执行的检查程序

1. 确定检查目的、对象、范围、时间,制订检查计划。
2. 根据检查对象和规模,确定检查组成员。

3. 编制安全检查表或检查提纲，根据实际情况确定检查项目和检查重点。

4. 拟定检查标准，确定各项目的评分标准或评价机制。

5. 培训检查组成员，开展检查工作。

6. 检查结束后做好总结，编写保卫制度执行情况检查报告。

7. 对检查中发现的问题进行分析、归纳和登记，按轻重缓急下达整改通知书，落实"四定"原则，即"定措施、定负责人、定资金来源、定完成期限"。

8. 问题解决后，进行效果评价，包括隐患是否彻底治理，整改措施是否安全可靠，有何经验教训等。

三、单位保卫工作制度执行的具体措施

制度的作用是规范行为，如果制定了制度而不能认真执行，就失去了制定制度的意义。为使制度得到很好地执行，转化为广大干部群众的自觉行动，需要做好以下工作。

1. 教育先行，辅以培训

制度的条文只是提出了行为的规范、操作的要求，即规定"怎么做"，而"为什么要这么做"，一般不在条文中说明。要把一件事做好，就必须使做事的人明白为什么要这么做，从而发挥主观能动性。因此，制度颁布后，必须进行相应的学习宣讲，使干部群众明白为什么要制定这样的制度，从而避免消极态度和抵触情绪，提高执行制度的自觉性。特别是对于安全操作规程，更要辅以一定的培训，对操作要领、安全要求作出详细的解读。

2. 检查督促，严格执行

制度是从整体、长远利益考虑而制定的，对个人的某些利益与自由必然会产生一定的限制与约束，因而不可能保证每一个人都自觉地执行。要通过检查，了解执行情况，并督促不执行或不认真执行的人改正，以保证制度的贯彻执行，维护其严肃性。

3. 违章必究，奖惩结合

为维护制度的严肃性，对违反单位保卫工作制度的组织和个人必须追究相应的责任，进行教育，责令改正，严重的应予以惩处，对模范执行单位保卫工作制度的，应予以表扬奖励。

4. 总结经验，不断完善

制度是人制定的，由于知识和经验的局限，难免考虑不周，使制度存在这样

那样的不足之处，往往在制度执行过程中暴露出来，需要总结经验、修改完善。此外，随着时代的变化，安全管理的水平提高了，管理的要求也要提高，对制度也要做与时俱进的调整以适应时代变化。

一般来讲，单位保卫工作制度执行情况检查应按事先制定好的安全检查表的内容及要求进行。这样既能查出问题，又省力省时。为了加强保卫人员对检查的理解，以学校安全管理制度执行情况检查表（见表3-1）和危险化学品安全管理制度执行情况检查表（见表3-2）举例说明。

表3-1 学校安全管理制度执行情况检查表

学校：　　　　　　　　　　　　　　　　时间：　　年　　月　　日

项目	检查内容	存在问题
安全宣传教育	1. 每周安全课是否扎实有效开展	
	2. 学生是否参加市或县安全教育平台学习	
	3. 本学期是否进行逃生演练，演练是否有预案、逃生平面图、图片、总结	
	4. 是否开展了法制、防踩踏、防性侵、防校园欺凌等教育	
安全组织领导	1. 是否成立了专门安全机构（保卫科或保卫处）	
	2. 是否落实了安全保卫负责人（见文件）	
	3. 是否层层签订安全责任书	
日常安全管理	1. 安全制度、预案是否齐全	
	2. 是否专门召开了平安创建安全工作会议，并开展平安创建活动；是否有专门的安全工作会议记录和安全隐患排查台账；是否经常进行安全隐患排查，坚持报告、整改，责任到人	
	3. 是否做到"课堂节节点名、就寝晚晚查寝"，宿管员职责是否落实到位；是否有家校联系记录和学生离校请假记录	
	4. 是否落实校干带班、教师值班，值班有记录，值班人员有标志	
安全防范	1. 门卫人员是否到位	
	2. 是否四季着工装上岗（查服装）	
	3. 防卫器材（橡皮警棍、钢叉、防割手套、辣椒水等）是否配齐，出入校园是否有完整盘查登记	
	4. 学校视频监控系统及报警装置是否安装且保质保量，并有监控记录	

续表

项目	检查内容	存在问题
消防安全防范	1. 安全出口、疏散通道是否符合要求且畅通	
	2. 消防宣传"三提示"和"四个能力"是否落实	
	3. 灭火器、消防栓、应急灯是否按规定配齐配足	
	4. 消防设施的设置是否符合消防技术规范,是否能正常运行和使用	
	5. 老化电路是否整改,线路开关闸刀是否完好无损	
交通安全防范	1. 在学校门前、道路是否有明显的警示标志、减速板或减速带、人行横道线	
	2. 学生上学、放学接送车辆信息档案是否齐全	
	3. 交通安全告知书是否发给学生家长并签字留存	
食品卫生安全防范	1. 是否有经营许可证,并亮证经营	
	2. 是否有健全的食堂安全管理制度;是否有学生食品中毒应急预案	
	3. 是否达到"流程操作、专间分区、三防到位"的要求	
	4. 是否对食堂从业人员定期进行食品安全培训,并有培训记录;食堂从业人员是否有健康合格证	
	5. 是否在安全位置(远离教学、生活区 50 m)使用压力锅炉,锅炉运行记录是否齐全	
	6. 是否有食材出入库台账;是否对采购的食材进行索证与索票	
	7. 是否对食品进行留样,留样记录是否规范	
	8. 是否有卫生打扫检查记录	
	9. 是否有消毒记录	
	10. 是否合理规范地使用食盐与食品添加剂	
校舍安全防范	1. 是否存在 D 级危房	
	2. 是否成立校舍安全专项工作小组并建立校舍安全长效管理机制	
	3. 是否有专人定期进行校舍安全巡查并形成巡查记录台账	
	4. 是否对教室、宿舍、食堂、围墙、厕所、板报墙、走廊栏杆、门锁、楼梯等学生经常活动场所的安全隐患进行全面排查,发现问题是否及时采取措施	
	5. 对在建工程是否采取安全管理措施,如围挡、警示标志、安全防护网等	
	6. 粉刷涂料、塑胶等材料是否符合环保标准	
	7. 校舍建设资料是否保存齐全	

续表

项目	检查内容	存在问题
防溺水安全防范	1. 是否经常对学生进行防溺水、防雷击和防洪暴等防灾教育	
	2. 是否告诫学生远离水域并传授防溺水自救技能	
	3. "防溺水一封信"是否发给学生家长并收回存根	
管制刀具安全防范	是否定期开展集中收缴管制刀具行动，查看收缴刀具实物和收缴记录	
特殊学生管理	查看留守儿童、学困生、贫困生、有特异体质学生的管理档案	
危险化学品管理	危险化学品保管和使用是否符合要求，查看危险化学品管理档案	

学校校长签字：　　　　　　　　检查人员签字：

表3-2　危险化学品安全管理制度执行情况检查表

单位：　　　　　　　　　　　　时间：　　年　　月　　日

项目序号	检查内容	检查方式及要求	检查结论	备注
★1	是否建立健全主要负责人、分管负责人、安全生产管理人员、职能部门岗位安全生产责任制	查文件、资料		
2	是否制定从业人员的安全教育、培训，劳动防护用品（具）、保健品，安全设施、设备，作业场所防火、防毒、防爆和职业卫生，安全检查、隐患治理、事故调查处理，安全生产奖惩等规章制度	查文件、资料		
3	是否根据危险化学品的生产工艺、技术、设备特点和原材料、辅助材料、产品的危险性编制岗位操作安全规程（安全操作法）和制定符合有关标准规定的作业安全规程	查文件、资料		
4	安全投入是否符合安全生产要求	剧毒品生产、储存企业的安全费用应占年销售收入的1%		
5	是否设置安全生产管理机构和配备专职安全生产管理人员	查文件、资料		
6	主要负责人、安全生产管理人员的安全生产知识和管理能力是否经考核合格	查资格证书		

续表

项目序号	检查内容	检查方式及要求	检查结论	备注
7	特种作业人员是否经有关业务主管部门考核合格,取得特种作业操作资格证书	查资格证书		
8	从业人员是否按照国家有关规定,经安全教育和培训并考核合格	查培训档案		
9	是否依法参加工伤保险,为从业人员缴纳保险费	查劳动保障部门出具的证明		
10	危险化学品生产、储存是否在本地区规划的专门用于危险化学品生产、储存的区域内	查规划、土地使用部门文件		
11	危险化学品生产装置和储存危险化学品数量构成重大危险源的储存设施,安全距离是否符合有关法律、法规、规章和标准	现场检查		
★12	厂房、作业场所和安全设施、设备、工艺是否符合有关法律、法规、规章和标准	查文件、资料,现场检查: (1)厂房、作业场所的结构形式、耐火等级、泄压通风、安全疏散、防火间距、警示标志 (2)特种设备、安全附件、浓度检测报警设施的使用状况及登记、检测情况 (3)电气设备的布置、安装情况及防护等级 (4)储运设施的安全间距、防护堤、接地极,紧急切断、喷淋等安全设施,运输车辆、人员、资质证书 (5)剧毒化学品储存、购销管理等		
13	是否采用和使用国家明令淘汰、禁止使用的工艺、设备	现场检查		
14	生产、储存危险化学品的车间、仓库是否与员工宿舍在同一座建筑物内,且与员工宿舍是否保持符合规定的安全距离	现场检查		

续表

项目序号	检查内容	检查方式及要求	检查结论	备注
★15	危险化学品生产装置和储存设施的周边防护距离是否符合有关法律、法规、规章和标准	现场检查		
★16	进行消防设计的建设工程是否经过公安消防机构验收合格	1998年9月1日以后的建筑查消防验收意见，以前的建筑查安全评价报告结论		
17	有无相应的职业危害防护设施和为从业人员配备符合有关国家标准或者行业标准规定的劳动防护用品	现场检查		
★18	是否按照国家有关标准，辨识、确定本企业的重大危险源	查文件、资料		
★19	对已确定的重大危险源，有无符合国家有关法律、法规、规章和标准的检测、评估和监控措施，是否定期检测、检查和建立重大危险源检测、检查档案	查文件、档案，现场检查。重点检查重大危险源档案和监控措施		
★20	对可能发生的生产安全事故，是否按照国家有关规定编制危险化学品事故和其他生产安全事故应急预案	查文件、资料。预案应符合新规范编制要求		
21	对可能发生的生产安全事故，有应急组织或者应急人员	查预案		
22	大型易燃易爆化学品生产企业和距当地公安消防队较远的大型危险化学品生产企业是否有专职消防队，其他危险化学品生产企业是否根据实际需要有义务消防队	现场检查		
23	对可能发生的生产安全事故，是否配备必要的应急资源	现场检查		

注：★号项目为重点项目。

检查组成员签字：
单位负责人签字：

第二节 队伍建设

学习单元1 保卫人员思想道德教育

一、保卫人员思想道德教育的基础知识

1. 保卫人员思想道德教育的目标

社会主义思想道德建设的基本任务是：坚持爱国主义、集体主义、社会主义教育，加强社会公德、职业道德、家庭美德建设，引导人们树立建设有中国特色社会主义的共同理想和正确的世界观、人生观、价值观。为人民服务是社会主义道德的集中体现，我们正建设和发展中国特色社会主义，最终目的是实现共产主义，应当在全社会认真提倡社会主义、共产主义思想道德，不断提高全民族的思想道德水平。

保卫人员思想道德教育的目标是全面提高保卫人员的思想道德素质，使保卫人员热爱祖国，遵纪守法，具有职业道德、敬业精神和良好的身心素质，熟悉我国保卫工作的政策和法律法规，掌握保卫工作所必备的知识和技能，为单位的稳定发展保驾护航。

2. 保卫人员思想道德教育的原则

（1）导向性原则。对保卫人员进行思想道德教育必须坚定正确的政治方向，以习近平新时代中国特色社会主义思想为指导。

（2）实践性原则。对保卫人员进行思想道德教育要把思想政治观念和道德规范的教育与保卫工作的实际结合起来，把提高保卫人员的思想认识与培养道德行为习惯结合起来，使他们言行一致。

（3）全面性原则。对保卫人员进行思想道德教育应全面不偏废，至少包括个人品德教育、家庭美德教育、社会公德教育、法律法规教育和心理健康教育等。

（4）循序性原则。对保卫人员进行思想道德教育必须从保卫人员现有的思想道德水平出发，根据保卫人员思想道德发展变化的规律，由浅入深、由低到高地逐步进行。

（5）人本性原则。要以人为本，信任、尊重和严格要求相结合。信任是指要相信保卫人员有成为一个德才兼备的人的愿望和能力；尊重是指要尊重保卫人员的人格，在民主平等的基础上对保卫人员进行思想道德教育；严格要求是指应严格按照教育目标对保卫人员进行思想道德教育。

3. 保卫人员思想道德教育的方法

（1）说服教育法。通过摆事实、讲道理，使保卫人员提高认识，形成正确观点。说服教育法是思想道德教育的基本方法，包括语言说服法和事实说服法。在实际的教育活动中，应根据实际情况来选择和运用合适的方法，并注意各种方法的综合运用。

（2）品德评价法。通过对保卫人员思想道德水平进行评价而予以激励或抑制，促使其思想道德的形成和健康发展，包括奖励、惩罚、评比和操行评定。其中惩罚的方法主要有三种：否定、批评和处罚。奖励和惩罚是直截了当的方法，做得好就奖励，做得不好就惩罚。要明确奖励和惩罚只是手段而不是目的，使用要恰当，不要过度。

（3）管理教育法。在对保卫人员进行思想道德教育的过程中，寓教育于管理，通过建立健全和执行各项规章制度，运用一定的组织纪律与行政措施来协调、约束和规范保卫人员的行为，培养良好的思想道德素质。

（4）榜样学习法。向先进模范人物学习，是提高思想道德素质的重要途径。尤其是保卫队伍里的先进典型，他们英勇顽强，不怕牺牲，忠于职守，惩恶扬善，赢得了社会的赞誉。抓住典型及时宣传报道，教育和引导保卫人员树立正确的人生观、荣辱观和价值观，以良好的职业精神去对待自己的工作。

二、保卫人员思想道德教育的开展

对保卫人员开展思想道德教育，针对不同层次、不同对象的特点，按照不同需要，对教育内容进行科学合理的统分结合，该统则统，该分则分。

1. 保卫人员思想道德教育的组织

（1）制订计划。单位应当结合保卫工作实际，从单位保卫任务的客观需求、能力需求、工作需求方面进行分析，有针对性地制订保卫人员思想道德教育工作计划，并纳入单位保卫人员年度培训工作计划，确保保卫人员思想道德教育工作有规划、有重点、有目的地进行。培训时间及内容应符合国家、公安机关和上级部门的相关要求。

（2）精心组织。各单位要从维护社会稳定和经济建设健康发展的高度，切实增强保卫人员思想道德教育的责任感和使命感。各级领导要充分认识保卫人员思想道德教育的重要性，高度重视，确保单位从组织上、制度上和经费上形成有力的保障，通过精心组织，认真部署，深入扎实地开展单位保卫人员思想道德教育。

（3）有序实施。保卫人员思想道德教育应当按计划有步骤地实施，有专人负责，有规定的时间，有具体制度，还要有监督检查。每年年终应对本年度保卫人员思想道德教育进行总结，提出本年度保卫人员思想道德教育欠缺的方面和以后应注意的环节，并制订下一年的保卫人员思想道德教育工作计划。只有这样，才能把保卫人员思想道德教育持之以恒地开展下去，形成良性循环。

（4）严格考核。单位要充分认识到保卫人员思想道德教育的社会性、持续性、长期性和易忽视的特点，加大对保卫人员思想道德教育的指导、督促、检查、奖罚力度，建立符合单位实际的保卫人员思想道德教育检查、考核、奖励办法。要对保卫人员思想道德教育的效果进行全面总结，对培训内容和结果进行评价和考核，并形成相关文字记录，确保各项职责真正落实到位，使保卫人员思想道德教育切实达到预期效果。

2. 保卫人员思想道德教育的增强路径

（1）加强制度建设。目前，单位对于保卫人员主要通过制度管理与约束，如考勤、着装、任务执行情况、保卫工作质量管理和绩效考核等。为了提升思想道德教育在保卫人员心目中的重要性，应当将思想引导与制度管理相结合，同时以制度的形式让保卫人员提升参与保卫人员思想道德教育的积极性与主动性。例如，将保卫人员绩效考核从单纯的制度执行情况考核转为制度执行与思想教育学习质量双渠道考核。同时，积极表彰在保卫人员思想道德教育中作出积极贡献的优秀保卫人员，为其他保卫人员树立良好的榜样，起到带头作用。

（2）丰富教育手段。对于保卫人员思想道德教育需要寻找多样化的手段以实现教育质量的提升。以往单位开展保卫人员思想道德教育，样式较为单一，教育内容常年不变，无法提高保卫人员的热情和工作积极性，甚至引发保卫人员的厌倦情绪。单位应通过多种途径，定期或不定期地开展保卫人员思想道德教育宣传工作，如开展教育、培训、定期考核，通过网络、新媒体、电视、广播、报刊等多种形式的活动，提高保卫队伍的道德感，增强工作的使命感。同时，学习一些必要的业务知识和法律知识，进行专业技能和相关技术、系统的学习和演练，提高保卫人员的综合技能和职业道德水平。

将思想教育融入保卫人员的日常管理及工作，将政治学习作为单位例会的一部分，对保卫人员进行全方位的思想道德教育，防止学习与实践脱节。避免说教式的读报学习方式，结合保卫人员知识层次、求知欲望的特点，通过党课、培训、讲座、组织活动等常规教育渠道，举案说法、明辨是非、研判形势，提高他们的政治觉悟和思想素质，强化基础业务，改进保卫工作措施，增强保卫人员维护单位稳定的责任心和自觉性。

（3）注重道德传承。中华民族一贯推崇的公正无私、担当奉献等都是保卫人员思想道德教育最需要吸取的内容，可以让保卫人员形成强烈的责任心和道德责任感，坚定理想信念。在新形势下，保卫人员思想道德教育的主要任务是优化和调整思想道德教育内容，改变传统的教育方式和手段，在教育与学习的过程中增强民族自豪感和爱国主义情操。积极引导保卫人员形成正确的人生观、世界观、价值观，并在此基础上强调弘扬中华民族的伟大民族精神和时代精神。

认真实施《新时代公民道德建设实施纲要》，扎实推进社会主义核心价值体系建设，推动保卫人员投身道德实践活动。不断提升保卫人员的思想道德素质、文明素养，以推进社会主义核心价值体系建设为根本，以培育和践行社会主义荣辱观为主线，以社会公德、职业道德、家庭美德和个人品德教育为重点，弘扬传统美德，倡导修身律己，使保卫人员增强道德自觉和自我提升。立足保卫人员岗位特点，大力培育和践行社会主义核心价值观，开展与之相关的主题宣传教育活动。例如，开展以"敬业"为主题的教育活动，结合岗位职责，使保卫人员更加深刻地理解和领悟何为职业道德，更好地践行服务宗旨。

（4）关爱保卫人员。单位不仅应重视保卫人员思想道德教育，还需要从更多方面关心关爱保卫人员。对于保卫人员思想道德教育需要因势利导，关心保卫人员的具体需求。只有在关注保卫工作新形势、新要求的基础之上，保卫人员思想道德教育才能够在更大范围内、更深层次上被保卫人员接受，从而激发其工作的主动性、积极性与责任感、使命感。

增加对保卫人员的人文关怀,提升其获得感、幸福感、认同感和归属感。首先,了解保卫人员的利益诉求和实际需要。在日常管理中,既要严格要求又要注重人文关怀,切实了解保卫人员的家庭情况、生活状况,对生活特别困难的保卫人员给予适当的生活补助和支持,以提高保卫人员的生活幸福感。在重要节假日,单位领导到一线关怀慰问保卫人员,让他们切实感受到关心和爱护,营造温暖和谐的工作氛围,从而提高保卫人员的职业归属感。其次,掌握保卫人员的思想动态。单位应畅通各种交流渠道,加强上下级之间、同事之间的沟通,对保卫人员进行积极正确的思想引导,必要时可以提供适当的心理疏导。

(5)打造安全文化。安全文化是单位风貌和职业精神的综合体现。应将单位安全文化建设作为创新单位安全管理机制建设的重要内容来抓,积极营造健康向上的安全文化氛围,弘扬正气,将"全心全意为人民服务""初心和使命是守护单位安全"作为安全文化建设的核心,提高单位员工的安全意识,增强抵御安全风险的能力,为保障单位的发展与稳定提供支持。

学习单元2 单位保卫人员培养计划

一、单位保卫人员培养计划的要求

1. 培养目标

为提高单位保卫人员的职业能力和综合素质,通过专业知识学习和技能操作训练,使单位保卫人员了解当前社会治安形势和单位内部安全形势,掌握组织防范、保卫管理、应急管理、培训与指导等工作内容,熟悉单位实有人口管理、交通管理、安全检查、重要部位管理、消防管理、技术防范等知识,掌握调查研究、宣传教育、应急演练的方法,推动单位保卫工作职业化、专业化、规范化发展。

2. 知识要求

学习和掌握计算机信息系统安全保护法律规范、消防监督检查与火灾事故调查、突发治安事件处置与抗灾、单位反恐怖工作安全检查、犯罪现场管制及应急处置、保卫队伍的管理与制度建设、保卫工作的指挥与协调、内部治安综合分析和治理、信息安全管理与组织保障、技防法规与技术标准、职业道德与工作纪律、维稳措施与应急处置，具备全面组织实施本单位保卫工作的综合指挥能力。

二、单位保卫人员培养计划的制订

1. 制订单位保卫人员培养计划的思路

单位保卫人员的培养对象应为愿意在保卫岗位上走专业化、职业化发展道路的保卫人员。应以提高单位保卫人员职业技能和综合素质为目标，按照"岗前培训→岗位实践→岗位培训→技能提升→职级提升"的培养思路来实施。对新入职的保卫人员，以适应岗位工作的岗前培训为基础。经历一段时间的岗位实践后，对符合单位保卫人员岗位需求，且愿意在保卫岗位上继续工作并期望有所发展的人员，可进行进一步的岗位培训，以提升职业技能和综合素质，不断提升其职业技能等级。单位依据个人的职业技能等级兑现相关待遇，从而不断提升单位保卫队伍的质量和稳定性。

2. 制订单位保卫人员培养计划应考虑的因素

制订单位保卫人员培养计划应充分考虑单位发展、单位保卫队伍建设及单位保卫人员发展的需要，综合考虑三方面因素，统筹规划，制订科学有效的单位保卫人员培养计划。

（1）单位发展的需要。单位保卫人员培养计划必须结合单位发展的需要，考虑单位的实际情况，以单位的未来发展为依据，根据单位未来发展规划，全面掌握单位发展对保卫人员的岗位、素质和能力的要求，制订合乎实际的单位保卫人员培养计划，确保培养的实效，真正为单位培养切实可用的保卫人员，最终实现维护单位工作、生产、经营、教学和科研秩序的目标。

（2）单位保卫队伍建设的需要。建设一支忠诚廉洁、团结向上的单位保卫队伍，是做好单位保卫工作的前提和基础，是单位保卫人员思想道德教育的重心。单位保卫队伍往往存在年龄结构、人员素质等固有问题，单位保卫人员缺少严格正规的中、高等教育，整体文化素质不高，世界观、人生观、价值观不够成熟。加上教育不够到位、制度不够健全、监督不够有效的因素，单位保卫队伍容易出现问题，甚至出现个别保卫人员以岗谋私、内外勾结的现象。因此，必须结合单位保卫队伍素质现状，找准问题痛点，有针对性地制订单位保卫人员培养计划。

（3）单位保卫人员发展的需要。通过系列培训帮助单位保卫人员认识自身的职业兴趣、职业能力、个人特质、职业价值观、胜任能力和具体能力素质，是开展单位保卫人员培养的重要环节。根据单位保卫人员入行时间长短，有针对性地制订职业生涯早期、中期和后期培训计划，每个阶段培训的侧重点各有不同，需要掌握的知识技能也应有所区别。每个阶段培训围绕基本工作技能、单位文化、单位发展规划、管理模式等内容有选择地进行。通过个性化培训，帮助单位保卫人员结合优势和能力，明确定位，做好职业生涯规划。

3. 制订单位保卫人员培养计划的目标

新形势下，各单位的安全防范设备设施也在朝着智能化、自动化、科技化的方向发展，如视频监控系统、入侵和紧急报警系统等，都需要单位保卫人员能够熟练掌握，灵活运用。随着时代的发展，单位保卫工作在目标任务、工作内容及环境对象等方面均发生了很大变化，工作日趋复杂，单位保卫人员要不断提升个人的综合能力，方能做好单位保卫工作。

（1）提升分析研判能力。当前，我们面临着复杂多变的国际形势，各种思想文化相互激荡，各种矛盾错综复杂，新情况、新问题层出不穷。在矛盾纷繁、复杂多变的形势下，单位保卫部门担负着繁重的任务，要起到保障单位正常的秩序和公共安全以及维护单位和社会稳定的作用。在工作过程中，单位保卫人员必须具有正确把握形势和分析问题的能力，只有这样，才能根据科学的分析，作出正确的工作部署，较好地完成单位保卫工作。不能正确地把握形势，对错综复杂的问题缺乏正确系统的分析，必然贻误时机，甚至会造成不必要的损失。为了提高正确把握形势和分析问题的能力，单位保卫人员必须通过学习和培训，不断提高理论政策水平，认真研究新形势下单位保卫工作可能出现的问题，预测可能出现的事件，及时快速地把存在安全隐患的事件处置在萌芽状态。

（2）提升沟通协调能力。单位保卫人员要具有一定的沟通协调能力。单位保卫人员在工作中避免不了与人交谈，良好的沟通方式能够对单位保卫工作起到事半功倍的效果。而且，通过单位保卫人员的沟通协调，能够争取到各方面对单位保卫工作的配合，将安全隐患的危害降到最小，最大限度地保障单位及人员的安全。因此，单位保卫人员应加深对沟通协调的认知，充分了解沟通协调的重要性，学习相关的沟通协调技巧，不断提升沟通协调能力，从而进一步提高单位保卫工作的效率。

（3）提升突发事件处理能力。单位保卫人员应急处理能力的要求主要体现在能够编制有效的应急处理预案。突发事件之所以称为突发事件，其核心在于难以控制事件的发生。因此，针对突发事件应急管理的特点和规律，系统、全面地做好预案就显得至关重要。应急处理预案应做到全员参与、全面覆盖，根据不同岗位职责属性，细化责任分工，形成层层落实、齐抓共管的工作格局。

（4）提升安全教育能力。安全教育是做好单位保卫工作的重要途径，有效的安全教育能帮助单位保卫人员树立正确的安全观，强化安全意识，不断提升单位保卫人员防范抵御各类安全风险的能力，从而推进单位保卫工作发展。

学习单元3　单位保卫人员考评

一、单位保卫人员考评的目标和意义

考评是指单位对员工工作目标完成情况的考核与评价，是单位工作管理体系的重要一环。单位保卫人员考评是公共管理学中考评管理的具体实践，是指运用一定的考评方式、量化指标的考评标准，以实现安全为目标进行的综合性评价活动。

1. 考评的目标

单位保卫人员考评的目标是为了对单位保卫人员的工作能力、态度、成绩以及综合素质进行评价，客观公正、科学有效地反映单位保卫人员的工作实绩，充分调动单位保卫人员的工作积极性、创造性、主动性，继而更好地落实单位保卫工作目标，推进单位保卫工作快速、健康、持续发展。

单位管理人员应该先明确单位保卫工作的目标和发展计划是什么，然后找到能够衡量单位保卫工作质量、效果的指标并构建考评标准和考评体系，通过单位管理人员和单位保卫人员之间的互动沟通，将目标责任由高层管理人员层层传递到每一个单位保卫人员。当一个考评周期结束时，应对单位保卫人员的工作实绩进行考评，对于业绩优良者给予奖励，对于工作完成较差的人员，可以由上级帮助其发现问题并改进，使其在下一个考评周期内获得进步。

2. 考评的意义

（1）提高单位保卫部门整体的管理水平。建立科学有效的考评机制，整理、规划、设计单位的工作目标和发展方向，将整个单位的工作目标分解，细分到每个保卫岗位的工作职责。这样有利于提高部门整体的管理水平，实现整体战略目标，保障单位保卫工作科学、健康发展。

（2）调动和激发单位保卫人员工作的积极性和主动性。对单位保卫人员进行考评能够较为正确地判断其工作实绩和个人能力，为绩效加薪、晋升、转岗和解雇提供依据。对于考评中表现突出的单位保卫人员，可以给予适当的绩效奖励、晋升奖励等，带动单位保卫人员的工作热情，实现单位保卫工作绩效的最优化。此外，通过考评机制，能够尽早发现单位保卫人员工作中存在的问题和不足，从而不断激励、督促工作表现不佳的单位保卫人员矫正错误，制定改进方案，积极引导单位保卫人员的工作水平正向发展。

（3）营造良好的文化氛围。通过开展各级单位保卫人员考评，有利于明确工作职责，加强交流沟通，促进形成和谐稳定的文化氛围，帮助单位和保卫人员共同学习、共同发展、共同实现管理水平和工作效率的全面提高。

二、单位保卫人员考评的方式

传统的考评方式主要是由上级主管对下属员工进行考评，获得的信息比较单一，且容易掺杂个人主观因素，导致考评结果与实际情况存在差异。因此，为了能够全方位评价单位保卫人员的工作实绩，可以采用全员参与的方式进行考评。全员参与是指由被考评者的上级、同级、下级及本人共同参与考评过程，从不同渠道收集被考评者的工作情况，得出的考评结果更加客观、全面、公正和可靠。

1. 直属上级考评

由被考评者的直属上级来评价下属的工作实绩是目前比较普遍的一种考评方式，也是传统考评制度的核心。直属上级最了解被考评者各项工作的完成情况、工作态度和个人品质，因此在实际的考评中，应该十分重视直属上级的意见。然而，直属上级考评也存在劣势。直属上级的感情因素往往影响考评的客观性，若直属上级对被考评者存在偏见，考评结果将不能保证公正性，以致降低下属对考评结果的认可度。

2. 同级考评

相较上下级，被考评者在平时的工作中与同级有更多的接触与合作，因此同级考评能够有效评价被考评者的团结协作能力。但同级考评的结果很容易受其他因素的影响：一方面，当考评结果直接影响奖励、晋升等利益时，可能出现同级因竞争心理而故意给出较低评价的情况；另一方面，同级同事朝夕相处，很容易建立朋友关系，容易因个人私交给予被考评者较高的评价，导致考评结果脱离客观实际。

3. 直属下级考评

直属下级考评这种向上的反馈机制是目前很多单位流行的一种考评方式。直属下级对上级主管人员的单位保卫工作管理水平和领导能力较为了解，因此，开展直属下级考评对管理人员个人潜能的开发、管理水平的提升非常有价值。不过，在实际考评中，有的直属下级因为害怕得罪上级，不敢提出真实意见，有的出于个人恩怨，导致评价缺乏客观性。因此，对直属下级的意见要注意分析，强调事实依据，避免出现"只见树木，不见森林"的片面看法。

4. 自我考评

自我考评是指被考评者自己评价自己的工作表现，论定自己与工作目标的差距，是工作考评中不可缺少的一个环节。自我考评能够弥补在直属上级、同级、直属下级考评中的遗漏部分，使考评结果更为全面。此外，自我考评有助于被考评者全面审视自己的工作情况，从而发现自己的长处和短处，并加以改进。不过，由于受到自利性偏差的影响，自我考评时，被考评者总是倾向于高估自己的工作表现，以致考评结果与他人的评价结果出现差异。因此，在进行自我考评时，一定要强调客观性，用事实说话。

在实际工作中，要将以上几种考评方式结合起来综合运用，才能切实保证考评的全面性和系统性。

三、单位保卫人员考评的指标和主要内容

1. 考评的指标

（1）考评指标的设计原则。制定科学合理的考评指标是考评程序中非常重要的一环。首先，考评指标的制定程序应该由专业人员执行。其次，在实际工作中不同的管理人员、不同级别的单位保卫人员的工作性质和工作职责不尽相同，考评的侧重点也自然不同，采取统一的考评指标明显是有失公允的。因此，针对不同岗位的具体情况应制定不同的考评指标。最后，考评指标必须是具体的、可操作的，最好能够立足具体的岗位制定定性或定量的指标，只有这样才能无死角、无偏差地对各级单位保卫人员的工作行为作出考评，得出真实有效的考评结果，最大限度地调动单位保卫人员的工作积极性。考评指标的设计一般参考 SMART 分析法。

1）明确性（specific）。应该根据特定的工作目标设置具体详细的考评指标，不能太过笼统，否则将难以对被考评者的工作实绩作出区分。

2）可衡量性（measurable）。不论考评指标是定性指标还是定量指标，必须确保这些指标的数据或信息是可以获得的。

3）可达成性（attainable）。考评指标应该设定在合适的范围内，不能过高也不能过低，必须是被考评者在一定的努力下能够实现的。制定过高的指标会打击被考评者的自信心，不利于工作目标的实现。

4）相关性（realistic）。考评指标必须是实实在在的，是可以证明和观察到的，不是假设性的、虚拟的。

5）时限性（time-based）。只有在特定的时间内完成考评指标，考评结果才有意义。设定考评指标的同时需要设定考评的截止日期，增强被考评者的执行力。

（2）考评指标的分类

1）定性指标。定性指标是指无法直接通过数据计算分析考评内容，需要对被考评者进行客观分析来反映考评结果的指标。例如，单位保卫人员的个人素养、工作能力等行为类的考评内容，往往难以量化。在这种情况下，就需要根据数据和事实来制定具体的定性指标。

2）定量指标。定量指标是指可以用准确数量定义，精确衡量并能设定绩效目标的考评指标，具有目标明确、标准清晰、易于操作等特点。单位在设计保卫部门定量指标时，应根据保卫部门在履行职责或单位保卫人员在执行安全工作时的实际情况，选择适当的指标。在实际的单位保卫人员考评中，能量化的指标要尽可能地量化，不能量化的指标应充分分析单位保卫部门的工作实际，根据考评目标，选择具体的定性指标。但是，一味地追求量化也是不行的。例如，有时指标量化的数据难以获得，单位为了量化使用不真实的数据进行定量考评，结果往往是不真实的。有时指标量化成本过高，而考评的目标价值却不高，此时也没有必要量化，可采用其他指标进行考评。

目前，我国保卫工作的业绩考评主要以定性考评为主。这种考评方式省时省力，简单易行，易于得出考评结果。但是定性考评对于工作的执行力度、执行情况、执行水平缺少量化考评，准确性和科学性较差，不能真正反映单位保卫人员的工作业绩，不利于良性竞争发展。所以最好对各项考评内容、要素进行量化分解，并给每个要素确定标准和等级，形成考评标准体系，然后运用数据测算的方法，得到量化的考评结果，最后将定性考评与定量考评结合起来，以得出较准确的考评结果。

2. 考评的主要内容

为了能够全面、科学地评价单位保卫人员的德才表现和工作实绩，督促单位保卫人员认真履行职责，提高个人修养和业务素质，需要对单位保卫人员的"德、能、勤、绩、廉"等方面进行具体考评。

（1）德。德主要考评单位保卫人员的职业道德、思想品质和政治态度，具体包括：是否拥护党和国家的路线、方针、政策；是否认真学习马列主义和中国特色社会主义理论等；是否有优良的思想修养、道德品质、奉献精神；是否爱岗敬业，忠于职守，刻苦钻研工作业务，遵纪守法等。

（2）能。能主要考评单位保卫人员的业务水平、管理能力，具体包括：是否有与单位保卫岗位相匹配的专业知识和专业技能；是否了解保卫工作方面的法律、法规；是否有处置突发事件的应急能力等。

（3）勤。勤主要考评单位保卫人员的工作态度和敬业精神，具体包括：出勤情况；是否在工作时做到兢兢业业、精益求精；是否有较高的工作效率和饱满的工作热情等。

（4）绩。绩主要考评单位保卫人员的工作实绩，具体包括：在工作中完成的任务数量；是否对部门工作作出突出贡献；是否能够发挥个人优势，高效地完成工作，为单位带来效益等。

（5）廉。廉主要考评单位保卫人员中的党员是否落实党风廉政建设等情况，具体包括：是否廉洁自律；是否守住底线，不触底线，不越红线；是否常怀律己之心，常思贪欲之害，时刻牢记党的纪律等。

此外，对于不同岗位的单位保卫人员而言，工作职责不同，考评的侧重角度自然也不同。对于基层保卫人员，主要考评其基础工作执行的勤勉情况、劳动纪律的遵守情况，以及突发事件的先期处置能力等；对于中高层保卫管理人员，应将其管理能力、组织能力，单位保卫工作制度的落实情况等作为主要考评内容。

四、单位保卫人员考评实施的原则和流程

1. 考评实施的原则

（1）公开原则。考评内容、考评标准、考评程序和考评责任都应当有明确的规定并向单位全体员工公开，考评程序结束后单位应及时公开考评的结果，只有保证被考评者在事前就充分了解考评的内容，事后充分认可考评的程序和结果，考评才具有实际意义，才能得到被考评者的支持和理解。

（2）客观原则。考评者应当根据相关的法律、法规和客观实际来制定考评的内容和标准，采用尽量具体、可操作的评价尺度。在考评过程中，考评者要根据客观事实进行评价，避免掺入主观性因素，切忌主观臆断。

（3）重视沟通原则。针对不同岗位研究制定考评标准时，应适当听取岗位员工的意见，脱离实际岗位情况仅凭主观想象来制定考评标准是不科学的。考评者和被考评者应提前沟通，充分了解岗位工作职责和工作目标并达成一致之后，再依据实际情况设定具体的、可操作的考评标准，最大限度减少考评者和被考评者对考评内容理解的差异。

（4）标准化原则。为了使考评的各项功能有效地得到发挥，单位必须制定标准化的考评制度，考评标准必须找出工作定量的界限，并予以确切描述，并且在明确考评的原则、程序、方法、指标和标准的基础上，将考评工作落实到具体的职能部门或考评主体，以实现考评的标准化、经常化。

（5）重视反馈原则。考评的主要目的是发现问题同时帮助单位保卫人员改进工作绩效。考评工作不能搞形式主义，为了考评而考评。单位保卫人员的考评结果要与奖惩、晋升等紧密结合起来。考评之后，考评者要与被考评者进行全面的沟通，把结果反馈给被考评者，同时听取被考评者的意见，及时发现问题并解决。

（6）差别性原则。不同岗位、不同级别的单位保卫人员的工作内容和工作要求往往是不同的。针对不同的被考评者，应该设立不同的考评内容和考评标准。不同级别之间的考评标准应当有明显的差别，针对不同的考评结果，在工资、晋升上也应体现明显的差别。

2. 考评实施的流程

考评是一个持续、循环的过程。考评的实施分为四个阶段：前期计划、信息收集、考评实施、后期反馈。

（1）第一阶段——前期计划。考评的前期计划非常重要，前期计划的质量有时候甚至直接影响考评结果。考评的前期计划需要完成的工作主要包括以下四个方面。

1）确定考评的工作目标和工作方案并进行分析。

2）根据考评的工作目标制定总体考评实施方案。

3）建立专业的考评队伍，确定考评者的人选，并提前对考评者进行培训。

4）制定不同的考评方法和考评周期。

（2）第二阶段——信息收集。完成前期计划之后，考评者可以结合被考评者平日的工作手册、工作记录等书面材料，收集各岗位的工作完成情况信息。考评者应该和不同岗位的员工进行详细的沟通交流，了解各岗位实际的工作内容，只有这样才能制定具体、科学、可操作的考评标准，才能有效地衡量员工、部门的工作绩效，客观公正地反映工作能力。如果仅是考评者单方面设定标准，被考评者被动接受，那么考评计划就失去了意义。此外，考评者和管理人员在信息收集的过程中，应给予单位保卫人员工作指导和监督，为其提供必要的辅导和帮助，协助单位保卫人员共同完成岗位职责，并随时根据实际的工作情况对考评指标进行调整。

（3）第三阶段——考评实施。考评实施是考评程序的中心环节。根据前期设计的考评方法和考评标准，由专业的考评队伍对被考评者进行"德、能、勤、绩、廉"等方面的评价并打分。考评者对来自不同主体的评价分数加以统计和分析，对评价不合理的部分要详细分析原因并与相关人员进行交流，若存在考评不当的情况要及时令其调整改正。最后将考评结果上交领导，确定每个单位保卫人员的考评结果。

（4）第四阶段——后期反馈。后期反馈是考评机制的最后一步也是关键一步。考评不仅是为了发现问题，更是为了解决问题。当考评结果出来后，管理人员应该就考评结果与被考评者进行沟通，让被考评者更加全面地了解自己的长处和短处，发现问题，为今后改进工作打下基础。此外，还应该根据考评的结果进行奖励与处罚，对于考评结果较好的单位保卫人员，可以给予晋级、提薪等奖励，对于考评结果不尽如人意的单位保卫人员，则可以提出改进意见并进行相应的处罚。后期反馈的最终目的是提升单位保卫人员的效率，提高单位的竞争力。

第四章
应急管理

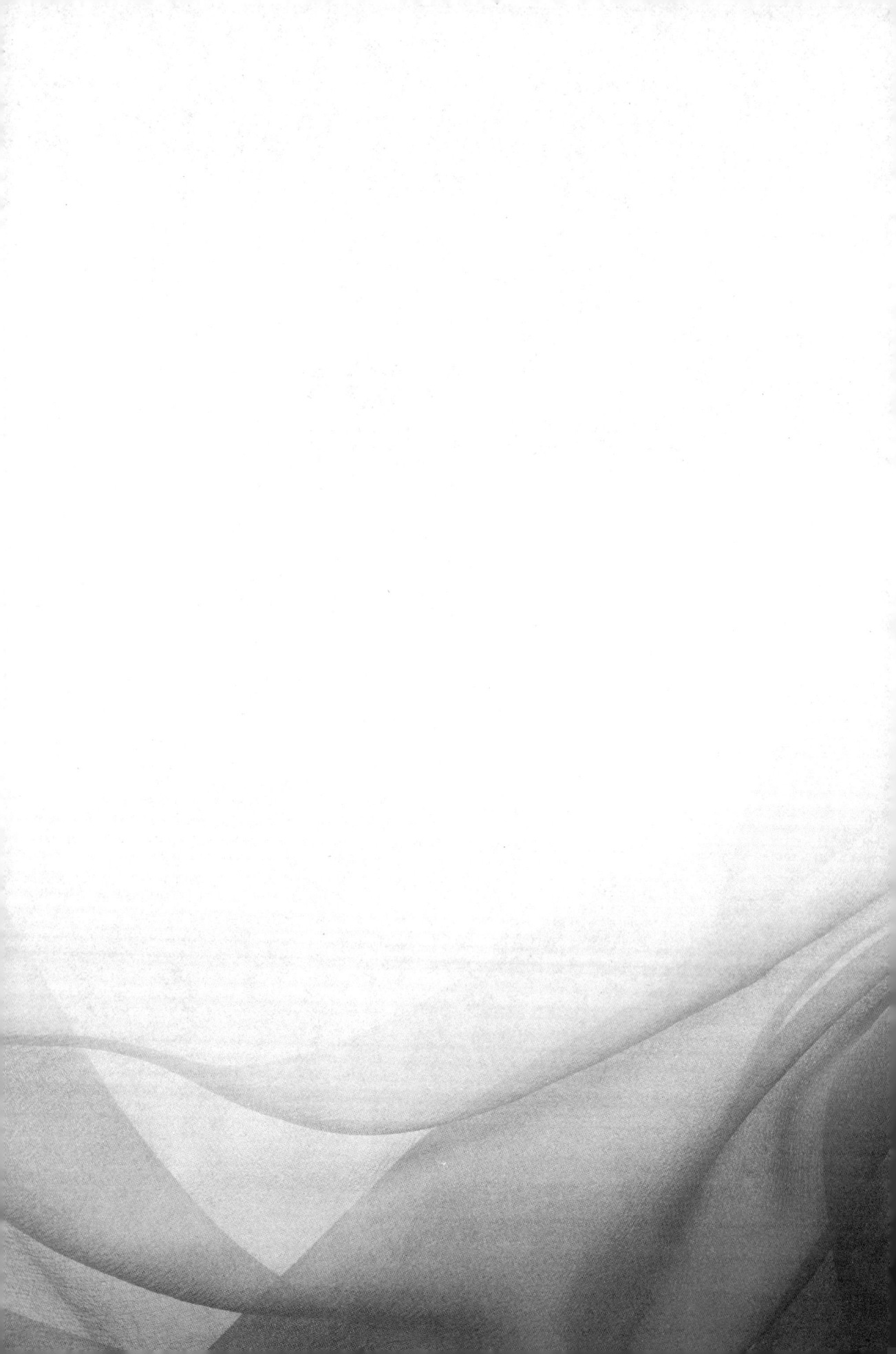

第一节 应急准备

学习单元1 应急演练开展

一、应急演练的概念和特点

1. 应急演练的概念

应急演练是指在事先预设的事件条件下,单位应急指挥机构的各个组成部门及相关人员针对假设的特定情况,执行突发事件发生时各自的职责和任务的排练活动,即模拟突发事件发生的应对演练。实践证明,应急演练能在突发事件发生时有效减少人员伤亡和财产损失,迅速从各种灾难中恢复正常状态。

2. 应急演练的特点

(1) 针对性。应急演练要具有针对性,针对单位存在的漏洞开展应急演练,特别是针对近年来经常发生或者容易发生的事件。重点针对突发事件风险分析中发现的风险率较高的场景、群体及环境等。突出应急演练的实效,这样才能达到应急演练的目的。

(2) 科学性。根据突发事件应急预案的要求,科学制订演练计划和方案。科学合理安排应急演练,包括演练目的、演练计划、参演人员、演练程序、演练总结,使应急演练既紧张又有条不紊地进行,从而达到应急演练的真实目的。

(3) 仿真性。应急演练要紧贴实际,模拟真实现场,在应急演练过程中,从事件报告、人员疏散、事件救援到善后处理都要贴近实际,营造真实的演练环境和氛围。通过应急演练,让参演人员切实掌握突发事件处置的相关知识,包括:如何辨识风险,遇到类似险情该怎么做;如何使用各种设施和设备;员工间如何自助互救；如何正确选择撤离路线；指挥人员如何协调指挥各部门相互配合，在最短时间内实现最佳的处置效果。

（4）可操作性。应急演练各个环节的设置要简单易行，避免烦琐的操作步骤。对于非专业人员，操作要简单实用，以最简单的方式获取最大的成效。单位内各部门职责衔接要简单、明确，发生突发状况时能够快速反应，使单位员工能够掌握基本的突发事件处置技能。

二、应急演练的类型

1. 按应急演练的组织方式及侧重点划分

（1）桌面演练。桌面演练又称模拟场景演练和室内演练，是指由单位应急组织的代表或关键岗位人员参加的，利用地图、沙盘、流程图、计算机模拟、视频会议等辅助手段，针对事先假设的突发事件情景，按照应急预案及标准工作程序，讨论和推演突发事件决策及现场处置的演练活动。桌面演练的特点是对演练情景进行口头演练，主要目的是锻炼参演人员解决问题的能力，以及解决单位应急组织相互协作和职责划分的问题。桌面演练一般仅限于有限的应急响应和内部协调活动，事后一般采取口头评论形式收集参演人员的建议，并提交一份简短的书面报告，总结演练活动和提出有关改进应急响应工作的建议。桌面演练成本较低，主要为功能演练和全面演练做准备。

（2）实战演练。实战演练是指参演人员利用突发事件处置涉及的设备和物资，针对事先假设的突发事件情景及后续的发展状况，通过实际决策、行动，演练突发事件处置的过程，以检验和提高相关人员的临阵组织指挥、队伍调动、事件处置和后勤保障等能力。

2. 按应急演练的内容划分

（1）单项演练。单项演练又称功能演练，是指针对某项突发事件处置功能或其中某些突发事件处置进行的演练活动。单项演练注重针对一个或少数几个参与单位（岗位）的特定环节和功能进行演练。根据不同的突发事件的特点，单项演练包括：通信、通知、报告程序演练；人员集中清点，装备及物资器材到位演练；突发事件动态监测演练；快速出动实施机动监测，食物、饮用水的样品收集与分析演练；危害趋势分析演练；防护行动演练；指导员工隐蔽和撤离，通道封锁与交通管制演练；发放药物与自救互救演练；控制食物与饮用水，建立疏散人员接待中心，特殊人群的行动安排，保卫重要目标演练；医疗救护行动演练；消防演练；公众信息传播演练；其他有关行动演练。单项演练比桌面演练的规模更大，需要动员更多的参演人员和机构参与，因而协调工作的难度也随之加大。单项演练完成后，除采用口头评论形式外，还应提交有关演练活动的书面报告，提出改进建议。

（2）组合演练。组合演练是指为了发展和检查应对突发事件各组织之间及与外部组织之间的相互协调性而进行的演练活动。由于部分演练主要是为了协调突发事件处置中各有关组织之间的相互协调性，所以组合演练涉及各种组织，如发放药物与员工撤离的演练，扑灭火灾、消除堵塞、堵漏、关闭阀门等动作的相互配合演练等。通过组合演练，可以交流信息，加强各应急救援组织之间的配合协调，如报警、紧急公告、公众疏散与医疗、药品发放之间的配合。

（3）综合演练。综合演练是指针对某一类型突发事件处置全过程或突发事件应急预案内规定的全部突发事件处置功能，检测、评估突发事件体系、整体突发事件处置能力的演练活动，也称全面演练。综合演练一般采取交互式进行，演练过程要求尽量真实，调用更多的参演人员和资源，并开展人员、设备及其他资源的实战演练，以检验相互协调的突发事件处置能力。与单项演练类似，综合演练完成后，除采用口头评论形式外，还应提交有关演练活动的书面报告，提出改进建议。

3. 按应急演练的目的和作用划分

（1）检验性演练。检验性演练是指为了检验突发事件应急预案的可行性、应急准备的充分性、突发事件机制的协调性及相关人员的突发事件处置能力而组织的演练活动。

（2）示范性演练。示范性演练是指为了向观摩人员提供示范教学而严格按照突发事件应急预案开展的表演性演练活动。

应急演练的组织者或策划者在确定采取哪种类型的演练时，应考虑以下因素。

1）应急预案和响应程序制定工作的进展情况。

2）单位面临风险的性质和大小。

3）单位现有应急响应能力。

4）应急演练的成本及资金筹措状况。

5）有关政府部门对应急演练的态度。

6）单位应急组织投入的资源状况。

7）国家及地方政府部门颁布的有关应急演练的规定。

无论选择何种类型的应急演练，应急演练方案必须与单位突发事件应急管理的需求和资源条件相适应。

三、应急演练的组织实施

针对应急演练的目标、任务及实现问题，从演练需求分析入手，以应急演练的策划设计、应急演练的组织架构搭建、应急演练的方案编制、应急演练的现场准备、应急演练的参与人员及应急演练的结果评价为要点，深入剖析应急演练相关情景设置、要素匹配、统筹协调、模拟处置、现场布局等各项内容要点及方式方法。

1. 应急演练的策划设计

策划设计是酝酿和发起一场应急演练的基础，理清了应急演练所涉及的情景、任务、责任人、处置流程及应对措施等，便可搭建应急演练的基本框架。通常认为，应急演练的策划设计包括应急演练的目标确定、情景模拟、科目安排及流程控制等内容。结合既往应急演练实践及复盘总结，以情景设置为基础，可将应急演练的策划设计划分为策划构思与流程设计两部分。

（1）策划构思。策划构思是对突发事件情景演变与突发事件处置特征的剖析，通常以重大突发事件风险场景为切入点，结合事件脉络，理清模拟事件发生发展及应对流程。其基本内容可概括为以下方面。

1）突发事件的源头，主要考虑引起突发事件的各种可能因素，如监管不严、人为故意等。

2）突发事件的特征表现，凸显突发事件的发生速度、规模、趋势、影响范围等特征。

3）先期处置情况，即各相关部门在突发事件发生初期采取的紧急措施，若涉及人员生命安全，要以救人为先。

4）综合突发事件情况，即突发事件发展扩大后各相关部门的突发事件联动，如突发事件调查、联合处置等。

5）过程控制情况，考察各部门采取的应对措施对突发事件的控制效果，通常在突发事件发生后，需设立突发事件应急指挥机构领导小组，全面负责处置，协调各部门之间的关系。

6）事后工作情况，是指突发事件得到有效控制后的补偿善后、责任追究及总结反思等工作。

（2）流程设计。在策划构思的基础上，以突发事件的发展演化为时间顺序，可将突发事件的处置流程概括为以下阶段。

1）突发事件的初期应对。突发事件的初期应对是指在突发事件发生初期具有较强时间紧迫性的情况下，相关部门通过采取紧急措施控制事态发展。

2）突发事件的全面应对。突发事件的全面应对是指突发事件持续发展达到一定规模，需要相关各方协同应对。

3）突发事件的升级应对。突发事件的升级应对是指突发事件已由初始事件引发了次生、衍生事件，处置难度增大。

4）突发事件的后期应对。突发事件的后期应对是指险情解除后的持续监测、补偿安置等工作。

在应急演练的流程设计中，可以按照初期应对、全面应对、升级应对、后期应对四阶段内容进行设计。各阶段应对任务不同，应对措施也大不相同，有明显的"发现—处置—升级—解除"过程，刻画了应急演练的关键节点。具体来说：初期应对阶段主要演练信息报告、突发事件应对动员等；全面应对阶段主要演练人员救治、执法控制等；升级应对阶段主要凸显关键风险进程的剧变，构造更具挑战性的突发事件需求；后期应对阶段主要考察人、事、物保护控制进程及成效等。在实践中，根据具体情况还可以弱化升级应对部分，或增加几个关于升级应对的演练。

2. 应急演练的组织架构搭建

为保证应急演练的质量、提高管理效率并有效探索应急演练管理标准化，应提前制定应急演练的组织架构。在应急演练中通常涉及单位多部门，需要相互配合，协同攻关。组织架构即演练领导小组，负责应急演练全程管理，贯穿演练准备、实施、评估三个阶段，落实综合策划、执行保障及评估总结等演练任务。应急演练的组织架构搭建使演练活动分工明确，实现应急资源与组织管理的有效结合。在一般情况下，组长由单位主要领导担任，副组长由职能部门负责人担任。应急演练的组织架构核心是各成员的职责划分，主要依据应急预案及各单位现实岗位职责，并结合应急演练的具体任务来确定。此外，根据应急演练的规模，在确保各职责有效落实的前提下，应急演练的组织架构可适当调整以符合演练需求。

3. 应急演练的方案编制

应急演练实质上是一种模拟应对突发事件的活动。应急演练要求设计精确、组织实施严密、多部门协同联动，通常需要应急预案等系列规范性文件作为指导和约束。应急预案一般以相关政策、法规及上级预案为导向，组织专业人员根据单位突发事件应对工作状况共同商讨编制。大量应急演练实践证明，以演练脚本、演练控制指南、演练评估指南为基本要件的应急预案最为必要且实用。

（1）演练脚本。演练脚本通常以剧本或表格形式将模拟突发事件处置过程予以展示，由演练环节、情景说明/解说词、处置行动、执行人员、指令与对白等要素构成，旨在通过周密严谨的细节性安排规范突发事件处置。在应急演练中，要求策划人员紧扣突发事件情景演变并结合应急预案进行编制，需具备可操作性。此外，还要注意各要素间的对应关系，即每个演练环节都应有与之对应的情景说明、处置行动等，其实质便是情景、任务、能力相匹配。

（2）演练控制指南。一场应急演练的顺利实施离不开对演练过程的有效控制，需要演练导演按照一定的规则发出控制信息，参演人员收到信息后根据行动方案采取措施。演练控制指南则是连接"导"与"演"双方的重要媒介，描述了演练模拟仿真进程和过程管理要求，通常由演练场景说明、演练控制规则、演练行动参考等部分构成。在实际操作中，演练控制指南要求简洁凝练，以概括要点的方式呈现应急演练的整体安排。同时要协调好应急演练各方的关系，如控制信息传递，参演人员调动，演练偏差纠正，以及"导""演"双方临场应变等。

（3）演练评估指南。演练评估对于一场完整的应急演练来说至关重要，通过对比应急演练实际效果与应急演练目标之间的差异，总结应急演练的成效与不足，为后期应急演练改进提供参考。演练评估指南是演练评估的有效参照，阐述了演练评估的准则及方法，可由系列演练评估表构成。一份演练评估表通常包括评估人员基本信息（姓名、职务、评估任务）、评估要点（演练场景/环节、评估指标、任务完成度）和其他观测结果等内容，汇编各突发事件工作组的演练评估表即可形成覆盖全部演练项目的演练评估指南。

4. 应急演练的现场准备

为保障应急演练顺利开展，除了应急演练前期的策划，还应对应急演练正式实施时现场所需各类资源进行统筹安排。应急演练保障包括人员保障、经费保障、场地保障、设备器材保障及安全保障等。通常认为应急演练的现场准备应以实现有效的应急演练保障为原则，由此结合应急演练实际，可将应急演练的现场准备划分为演练现场布置、演练后勤保障和演练器材设备三部分。其中：演练现场布置是指实施现场的情景模拟仿真、氛围渲染及演练各任务区域的布置等；演练后勤保障主要为应急演练开展提供保障支持，包括安全防护、医疗急救、通信保障、交通运输保障等；演练器材设备即针对应急演练设定的模拟事件进行处置所需的各类器材设备，如检测仪、防护服等。

5. 应急演练的参与人员

应急演练的参与人员包括参演人员、控制人员、模拟人员、评价人员和观摩人员。这五类人员在应急演练过程中都有着重要的作用，并且应佩戴能表明其身份的识别标志。

（1）参演人员。参演人员是指在应急组织中承担具体任务，并在应急演练过程中，尽可能对演练情景或模拟事件做出真实情景下可能采取响应行动的人员，相当于通常所说的演员。其主要任务包括以下内容。

1）救助伤员或被困人员。

2）保护财产或人员安全。

3）获取并管理各类应急资源。

4）与其他应急人员协同处理重大事故或突发事件。

（2）控制人员。控制人员是指根据演练情景，控制演练时间进度的人员。控制人员根据演练方案及演练计划的要求，引导参演人员按响应程序行动，并不断给出情况或消息，供参演的指挥人员进行判断、提出对策。其主要任务包括以下内容。

1）确保规定的演练项目得到充分的演练，以利于评价工作的开展。

2）确保应急演练的任务量和挑战性。

3）确保应急演练的进度。

4）解答参演人员的疑问，解决应急演练过程中出现的问题。

5）保障应急演练过程的安全。

（3）模拟人员。模拟人员是指在应急演练过程中扮演、代替某些应急组织和服务部门，或模拟突发事件、事态发展的人员。其主要任务包括以下内容。

1）扮演、替代正常情况下或响应实际突发事件时与应急指挥中心、现场应急指挥所联动的机构或服务部门的人员。

2）模拟事故的发生过程，如释放烟雾、模拟气象条件、模拟泄漏等。

3）模拟受害或受影响人员。

（4）评价人员。评价人员是指负责观察应急演练进展情况并予以记录的人员。其主要任务包括以下内容。

1）观察参演人员的应急行动，并记录观察结果。

2）在不干扰参演人员演练的情况下，协助控制人员确保应急演练按计划进行。

（5）观摩人员。观摩人员是指来自有关部门、外部机构，旁观应急演练过程的观众。

6. 应急演练的结果评价

应急演练结束后应对应急演练的效果作出评价，并提交演练报告，详细说明应急演练过程中发现的问题。按照对应急救援工作及时性、有效性的影响程度，将应急演练过程中发现的问题分为不足项、整改项和改进项。

（1）不足项。不足项是指在应急演练过程中，观察或识别的应急准备缺陷，可能导致在突发事件发生时，不能确保应急组织或应急救援体系有能力采取合理的应对措施。不足项应在规定的时间内予以纠正。在应急演练过程中发现的问题确定为不足项时，策划小组负责人应对该不足项进行详细说明，并给出应采取的纠正措施和完成时限。最有可能导致不足项的应急预案编制要素包括职责分配，应急资源，警报、报告方法与程序，通信，事态评估，公众教育与公共信息，保护措施，应急人员安全和紧急医疗服务等。

（2）整改项。整改项是指在应急演练过程中，观察或识别的，单独不可能在应急救援中对公众的安全与健康造成不良影响的应急准备缺陷。整改项应在下次应急演练前予以纠正。在以下两种情况下，整改项可列为不足项。

1）某个应急组织中存在两个以上整改项，共同作用可影响保护公众的安全与健康能力。

2）某个应急组织在多次应急演练过程中，反复出现前次应急演练发现的整改项问题。

（3）改进项。改进项是指在应急准备过程中，应予以改善的问题。不同于不足项和整改项，改进项不会对公众的安全与健康产生严重的影响，视情况予以改进，不必一定要求予以纠正。

学习单元2 应急资源调查

一、应急资源和应急资源调查的基础知识

1. 应急资源的基础知识

（1）应急资源的概念。应急资源是应对和处置突发事件所需要的全部资源要

素,包括人员、装备/设备、设施、物资等。应急资源是应对突发事件的物质保障,决定应对的成败。从某种意义上讲,突发事件应对是对应急资源的充分占有、合理部署和快速展开。没有应急资源,应急响应就是无米之炊。

(2)应急资源的类型

1)人员。人员是指突发事件应对中所需要的人力资源,包括专业救援力量、专家(组)、普通群众和志愿者。

①专业救援力量是指成建制的常设专业救援队伍,如专职消防队、矿山救援队、水上搜救队等,具有专门的救援知识和技能,配备专业的救援装备,承担比较复杂、灾害环境中的救援任务。

②专家(组)是指突发事件应对领域的资深科技工作者(组成的小组),如企业总工程师、全国或当地的行业专家,对突发事件的形成机理和成灾机理有充分的认识,为突发事件应对决策提供咨询和工作建议。

③普通群众是指在突发事件中临时动员和组织起来的应对力量,知识、技能、装备都比较薄弱,承担专业性不强的应对任务,如清理场地、搭建临时建筑、疏通道路等。

④志愿者是指注册或临时招募的突发事件应对工作者,有一定的专业知识和技能,能够从事相对复杂的救援任务,如医疗救护、心理干预、避难场所管理等。

2)设施。设施是指预先建设的用于突发事件应对的不可移动的建筑物,如消火栓、水闸、避难场所等,是突发事件应对的重要支撑。

3)装备/设备。装备/设备是指突发事件应对中可重复使用的工具性装置,大的如挖掘机、推土机、卡车等工程机械,小的如对讲机、应急灯、呼吸器等个人装备,既有各行各业通用的,也有应急救援专用的,范围非常广泛,对应急救援具有支撑作用。

4)物资。物资是指在应急救援中必不可少的消耗性材料,如用于生活方面的饮用水、方便食品、帐篷、棉被等,用于救援方面的编织袋、水泥、铁丝、灭火材料等。

2. 应急资源调查的基础知识

(1)应急资源调查的概念。应急资源调查是指全面调查本地区、本单位第一时间可以调用的应急资源状况和外协单位可以请求援助的应急资源状况,并结合突发事件风险评估结果制定突发事件处置措施的过程。

（2）应急资源调查的作用

1）只有摸清应急资源，才能制定有效的突发事件处置措施，充分发挥应急资源的优势，达到及时、高效处置突发事件的目的。

2）应急资源调查有助于提高资源的利用率。

3）应急资源调查既能为编制突发事件应急预案提供依据，又能确保突发事件处置时资源调度有效、有序，是提高应急预案针对性、实用性和可操作性的关键环节。

（3）应急资源调查的原则

1）客观原则。客观原则是指应急资源调查只针对本单位及外协单位已经储备的应急资源和已经掌握的应急资源进行调查，不对未储备和未掌握或正准备储备和正准备掌握的应急资源进行调查。

2）专业原则。专业原则是指应急资源调查重点针对在本单位突发事件风险评估结果中，潜在突发事件应对时的专用资源进行调查。

3）可靠原则。可靠原则是指应急资源的调查过程要科学，调查结论要可靠，资源调集要可保障。

二、单位应急资源调查的内容

1. 单位应急人力资源调查

（1）单位应急队伍调查。单位应急队伍调查是指调查单位是否组建和培养了具有专业特长、能够承担相应救援和处置任务的专职、兼职应急队伍，以及对应急队伍是否进行系统的培训和演练，以提高专业理论水平和实战技能，是否配备了合理、实用、高水平的应急装备。单位应急队伍调查包括以下五方面内容。

1）单位应急队伍的组织架构、部门构成、岗位分布和应对突发事件分工。

2）单位应急队伍的日常管理和应急管理制度。

3）单位应急队伍的人数、姓名、对应岗位和联系方式（24 h 有效）。

4）单位应急队伍参加应急演练的情况，包括演练项目、演练地点、演练时间和演练记录。

5）单位应急队伍曾参加的突发事件应对工作。

单位应急队伍调查表见表 4-1。

表4-1 单位应急队伍调查表

应急队伍名称			应急队伍组建时间	
应急队伍专长				
应急队伍常驻地址				
联系方式			是否为专职应急队伍	是□ 否□
应急队伍负责人情况	姓名		职位职称	
	岗位年限		联系方式	
应急队伍总人数		专职人数	兼职人数	
应急装备配备情况				
应急队伍曾参加的应急演练情况	演练项目		演练地点	演练时间
应急队伍曾参加的应急工作情况				

（2）单位应急专家（组）调查。单位应急专家（组）调查表见表4-2。

表4-2 单位应急专家（组）调查表

姓名	对应的突发事件类型	装备	技能	隶属部门	联系方式

2. 单位应急设施、装备、器材、物资的调查

单位应急设施、装备、器材、物资的调查应调查确定、详细说明本单位在哪些地方配备了哪些种类、多少数量的应急资源，并细化说明是用于预防哪些突发事件。单位常规应急设施、装备、器材、物资调查表见表4-3，单位常规应急设施、装备、器材、物资调查汇总表见表4-4。单位应急设施、装备、器材、物资的类型分为以下几种。

（1）安全设施。安全设施包括逃生通道、紧急照明、安全屋、安全掩体、避难场所、紧急集合点等一些具有专业用途和特殊保卫功能的场所和设施，也涵盖避免危险物品和有毒有害物质伤害的专业防控设施或系统。

（2）通信设施。通信设施包括应急广播、对讲系统、内外部通信系统和网络

系统等,用于信息发布、指挥、协调和沟通的设施。

(3)监控设施。监控设施包括视频监控系统,各种监测探头仪表、门禁系统等,用于监控人员异常动向或其他异常情况的设施。

(4)专用防护装备。专用防护装备是特殊场所(如化工厂)为防止突发事件引发次生灾害或事件(如化学品泄漏、火灾、爆炸等事故),用于主动预防、监控或减损的设施或系统,包括安全仪表系统、紧急排放系统、火灾自动报警系统和消防喷淋系统等。

(5)防卫器材。防卫器材包括盾牌、橡胶棍、防暴钢叉、防爆毯等治安反恐怖器材,也包括特殊用途的个人防卫器材,如防毒面具、急救箱等。

表4-3 单位常规应急设施、装备、器材、物资调查表

名称			
规格		数量	
类别		型号	
主要参数			
所属单位			
存放场所			
单位负责人情况	姓名	职位职称	
	联系方式		
生产厂家		联系方式	
购买日期		使用年限	
主要功能描述			
主要用途			
备注			

注:应急设施、装备、器材、物资调查表适用于本单位和外协单位的应急资源调查工作。

表4-4 单位常规应急设施、装备、器材、物资调查汇总表

类别	序号	名称	主要用途	数量		
				在用	备用	合计
个人防卫器材配备	1					
	2					
	……					

续表

	名称		型号	数量
应急队伍车辆配备	灭火抢险救援车	水罐或泡沫抢险救援车		
		……		
	举高抢险救援车	登高平台抢险救援车		
		……		
	……			

	序号	名称	用途	数量
其他应急装备	1			
	2			
	……			

3. 单位应急环境的调查

（1）调查确定应急资源储备室，包括分布地点及数量等。

（2）调查应急集合（避难）点的设置地点，是否有突发事件应急救助站，如果有，调查应急救助站的设置地点及应急功能。

（3）调查应急供水供电系统、应急标识标牌和应急疏散撤离路线等。安全标志要充分利用红（禁止、危险）、黄（警告、注意）、蓝（指令、遵守）、绿（通行、安全）4种传递安全信息的安全色。正确使用安全色可以使人员迅速发现或分辨安全标志，及时得到提醒，防止突发事件的发生。

（4）调查场所的出入口是否设置醒目的紧急逃生路线指示标志。

（5）调查场所的疏散通道和安全出口等处是否设置"严禁烟火"安全标志、防触电警示标志。

（6）调查单位的最高点是否设置风向标等。

4. 单位周边社会应急资源的调查

（1）调查单位属地派出所、公安分局、公安局等相关公安机关的位置、警力配置情况、警用器材或防卫器材的类型和数量、交通管制措施等。

（2）调查消防救援机构的位置、道路通行情况，根据现场情况所需的消防人员数量，消防指挥车、高空救援车和消防车的数量，空气呼吸器、液压剪、切割机、灭火器等各种消防救援器材的数量。

（3）调查医疗急救单位的名称、位置、医疗资源配置情况，如救护车数量，救护车内配置氧气瓶、便携式内外科用急救箱、便携式心电监护除颤仪、呼吸机、可折叠式推床以及外科支具、夹板和急救药品等的类型和数量等。

（4）调查环境监测单位的名称、位置等，是否拥有较为先进和充足的监测设备，能否满足环境污染状况下的环境监测要求等。

（5）调查与单位签订了通信管理协议的通信部门的名称、协议条款，能否保证突发事件状态下通信畅通等。

（6）调查单位是否具备处置扩大突发事件的统一协调部门，能否保证处置扩大突发事件过程中的协调工作等。

（7）调查外协单位是否配备专业的应急队伍，应急队伍的人数和联系方式；是否配备灭火器、消防水炮等应急器材，配备的类型及数量；是否能够为本单位提供相应的应急援助，所需时间等。

5. 单位应急经费保障的调查

调查单位应急经费是如何保障的；确认单位应急经费的来源、管理和支出制度；调查单位用以购买、维护应急资源的预算和组织应急演练的预算是否充足等。

其他应急资源调查还包括单位制度保障、检查保障和培训保障是否到位等。

三、应急资源调查的准备

1. 制定调查方案

收集分析突发事件风险评估、突发事件应急预案、应急演练记录、突发事件处置记录和历史调查、日常管理资料，确定本次调查的目标、对象、范围、方式、计划等，设计调查表格，明确调查人员和任务。

2. 安排部署调查

通过印发调查通知、组织培训、召开会议等形式，安排部署调查任务，使调查人员了解调查内容和时间安排，掌握调查路线和调查重点。

3. 信息采集审核

调查人员按照调查方案，采取资料收集、问卷调查、实地调查等相结合的方式收集有关信息，填写调查表格。汇总收集到的信息，通过逻辑分析、人员访谈、现场勘察等方式，查验数据的完备性、真实性、有效性。对重要的应急资源进行现场勘察。

4. 编写调查报告

调查报告一般包括调查概要、调查过程及数据核实、调查结果与结论,并附应急资源清单、分布图、调配流程及调查方案等必要文件。

5. 建立信息档案

汇总整理调查成果,建立包括应急资源清单、调查报告、管理制度在内的应急资源信息档案,逐步实现应急资源信息档案的结构化、数据化、信息化。

6. 调查数据更新

调查主体应当加强对应急资源信息的动态管理,及时更新应急资源信息。在评估、修订突发事件应急预案时,应对应急资源信息一并进行更新。调查数据更新可参照以上调查程序适当简化。

四、应急资源调查的实施

1. 成立应急资源调查小组

结合本单位部门职能和分工,成立以单位相关负责人为组长、单位相关部门人员参加的应急资源调查小组,明确工作职责和任务分工。各单位可以邀请相关专业机构或者有关专家、有实际经验的人员参加应急资源调查。必要时,可与事件风险辨识评估工作组合并。制订应急资源调查计划,包括调查的事件、地点、调查组人员构成和调查分工。按照调查计划,调查小组采用资料收集、现场勘察、人员访谈等方法进行应急资源调查。

2. 收集单位应急管理相关资料

(1)单位应急管理概况。单位应急管理概况包括单位的基本情况、经营范围、外协单位情况等,具体内容见表4-5。

(2)单位风险辨识评估报告。单位风险辨识评估主要围绕单位的生产经营活动开展,包括单位生产经营场所、周围环境、人群特点的风险分析。单位风险辨识评估报告的内容包括单位的潜在突发事件排查、危险后果分析和预防措施。

(3)单位应急预案调查。单位应急预案调查的内容包括:单位应急指挥机构的组织结构和具体职责,以及各部门的相关职责;应对突发事件的职能部门和突发事件应急指挥部门的组织结构和具体职责;根据风险评估制定的各类突发事件的总体应急预案、专项应急预案和现场处置方案等。

表4-5 单位应急管理概况表

单位名称			
联系人		联系方式	
传真		电子邮箱	
法定代表人		资产总额	
成立日期		营业期限	
主要负责人		突发事件分管负责人	
行业类型		从业人数	
单位地址		邮政编码	
地区			
经营范围			
外协单位名称		联系方式	
		联系方式	

（4）单位应急演练记录、单位突发事件处置相关记录和单位突发事件处置评估报告

1）单位应急演练记录是指针对各项单位突发事件应急预案的应急演练记录，包括时间、参与人员、使用的应急资源、应急演练过程记录与行动复盘情况等。

2）单位突发事件处置相关记录是指针对本单位或外协单位曾发生的突发事件所做的相关处置记录，同样包括突发事件发生时间、发生单位、参与人员、使用的应急资源、突发事件处置过程记录与行动复盘情况等。

3）单位突发事件处置评估报告包括突发事件基本情况，先期处置情况及信息接收、流转及报送情况，突发事件应急预案实施情况，组织指挥情况，现场处置方案制定及执行情况，突发事件现场处置队伍工作情况，现场管理和信息发布情况，应急资源保障情况，防控环境影响措施的执行情况、处置成效、经验教训和相关建议等。

3. 分析应急资源需求

应急资源需求是指在紧急或者特殊情况下所产生的某种需要。这种需要可以是精神上的，也可以是物质上的。在资料收集的基础上，结合事件风险辨识评估结果，对本单位突发事件处置中所需应急资源的种类、数量、调集方式、投入使用时间等进行分析，明确应急资源需求。应急资源需求分析是应急管理的基础保

障,是应急资源配置和应用的依据。

4. 应急资源评估及满足路径

明确有效的应急处置需要什么应急资源、多少应急资源、什么规格的应急资源之后,进入应急资源评估阶段,目的是理清单位当前拥有哪些应急资源以及资源现状与需求的关系(短缺还是过剩),并且确立不足应急资源的满足路径。

(1)资源对标。资源对标即"以任务定资源"所得出的应急资源需求清单。资源对标是指现有资源与应急资源需求清单匹配的情况,从而获得现有资源对所需资源的满足状况。资源对标的结果有三种:一是完全满足需求;二是部分满足需求;三是基本没有需求的应急资源。在部分满足需求的情况下,需要列出短缺应急资源的清单(见表4-6、表4-7);对于同一种类但规格、型号不符的应急资源,不能变通算作已有的可用资源。

表4-6 应急资源短缺清单

资源类别	名称	需求种类数量规格	已有种类数量规格	短缺种类数量规格
物资				
装备				
设施				

表4-7 人力资源缺额清单

资源名称	需求数量	已有数量	短缺数量
专业救援队			
救援组			
志愿者/群众			
专家(组)			

（2）短缺资源的满足路径。不是把所有的短缺资源100%拿到手，储存在应急资源库中，才算完成任务。针对不同发生频率的突发事件，所需应急资源到位比例是不一样的。一般来说，对于3年一遇的突发事件，单位应储存的应急资源到位比例是100%；对于5年一遇的突发事件，单位应储存的应急资源到位比例大约是70%；对于10年一遇的突发事件，单位应储存的应急资源到位比例大约是50%；对于30年一遇的突发事件，单位应储存的应急资源到位比例大约是20%。应对不同等级的突发事件单位应储存的应急资源到位比例见表4-8。

表4-8 应对不同等级的突发事件单位应储存的应急资源到位比例

突发事件等级/规模	应急资源到位比例（%）	解决办法
3年一遇	100	
5年一遇	70（约）	
10年一遇	50（约）	
30年一遇	20（约）	

通常来讲，对于单位应储存的应急资源有三个考虑标准：一是突发事件发生时最急用的；二是应对突发事件最必需的；三是非常特殊的应急资源，难以租借、购买的。

对于不需要储存的应急资源，国际上通行的满足路径包括以下两个方面。第一，签订租借合同。与本辖区的企事业单位或个人签订租借合同，约定在突发事件发生时租借应急资源，应急处置结束后再偿还或补偿。这种方式特别适合那些大型的机械装备。第二，购买与募捐。对于那些通用的、不是十分短缺的应急资源，在突发事件发生时，采取临时购买或募捐的方式获得。

学习单元3 单位应急资源配置和管理

一、单位应急资源的配置要求

1. 单位应急资源配置应考虑的因素

单位发生突发事件后，在实施应急处置和救援的过程当中，需动用大量人力、物力、财力等应急资源。单位应急资源配置应根据本单位突发事件风险的种类、数量和突发事件可能造成的危害进行配置。

（1）单位应急资源配置要严格遵守国家相关法律规范，确保合法性。

（2）单位应急资源配置要充分考虑单位的实际情况，合理配置种类及数量。

（3）单位应急资源配置要与实际风险程度相适应，且充分考虑已配置的可利用资源，避免闲置和浪费。

（4）单位配置的应急资源应具有可操作性，实用性较强。

（5）尽量列明单位应急资源配置的参考标准，以便在以后设备的实际操作或维护管理中可以灵活掌握，方便追加或更新设备。

（6）及时了解国内外相关设备的更新情况，单位应急资源配置要做到与时俱进。

2. 单位应急资源的选择原则

应急资源的种类很多，同类产品在功能、使用、重量、价格等方面也存在很大差异，一般根据以下几个原则进行选择。

（1）根据法律规范要求进行选择。对法律规范性文件明文要求必备的，必须配置到位。随着应对突发事件法制建设的推进，相关的专业应急处置规程、规定、标准出台后，单位应急资源的选择也应符合相关要求。

（2）根据单位应急预案要求进行选择。单位应急预案是应急准备与行动的重要指南，因此，单位应急资源必须依照单位应急预案的要求进行选择配置。在单位应急预案中需要配置的应急资源，有些明确列出，有些只是列出通用性要求。对于明确列出的单位应急资源，直接按要求配置；对于没有列出具体名称，只列出通用性要求的单位应急资源，应根据所需要的功能与用途进行认真选择，不能有疏漏，避免发生不能满足应急救援实际需要的情况。

（3）根据应急资源的功能、实用性、安全性及价格等综合因素进行选择。应急资源种类多，价格差距大。首先，要明确需求，按功能正确选择；其次，要考虑运用的方便，按实用性选择；最后，要保证性能稳定，质量可靠，按耐用性和安全性选择。

（4）严禁采用淘汰产品。应急救援装备像生活中的其他设备一样，都会经历一个生产、改进和完善的过程。在这个过程中，可能出现因当初设计不合理，甚至存在严重缺陷而被淘汰的产品。如果采用这些淘汰产品，极有可能在应急救援过程中降低救援效率，甚至引发次生事件。

二、单位应急资源的管理要求

必须经常检查，正确维护单位应急资源，使其保持随时可用的状态，检查维护必须制度化、规范化。

1. 单位应急资源管理和使用人员的相关要求

（1）指定专人负责单位应急资源管理。

（2）定期对管理和使用人员进行培训并考核。

（3）从事特殊工种的操作人员必须按国家和有关部门规定，参加专门培训并通过考试，取得"中华人民共和国特种作业操作证"后方可上岗作业。

如果单位应急资源改造升级，管理和使用人员必须重新培训及考试。

2. 单位应急资源的管理要求

（1）基本台账管理

1）单位对应急资源应分类建立清单，并报本单位应急指挥机构备案。

2）建立单位应急资源档案，包括使用说明书、原图、合格证等技术资料。

3）根据单位应急资源的实际技术要求，建立保养、维修规定，并制定维护记录单和故障维修记录单。每次检查维护和维修后，认真填写记录单的各项内容。

（2）检查

1）单位应定期（一般为2个月1次）对应急资源进行自查并记录。

2）单位应急指挥机构应定期（一般上下半年各1次）对应急资源的存放、维护保养，人员配置，应急演练等情况进行全面检查。

3）当关键应急资源故障送修、报废或严重损耗等情况出现时，单位应及时向单位应急指挥机构报告。例如，设施、装备的送修或报废可能造成单位救援等级下降时，在报告中应特别说明影响应急能力的方面和程度。

（3）变动管理

1）当单位救援等级或行业标准发生变化时，单位应根据变化提出应急资源更新需求，制订应急资源更新计划，并按流程上报审批。

2）当单位应急资源达到使用年限或其状态已不再适合救援任务要求时，单位应提出应急资源更新需求，并按流程上报审批。

3）当有新设备、新技术能够有效提高单位应急能力时，单位可以制订应急资源更新、补充计划，并按流程上报审批。

4）当有新的救援任务出现且现有应急资源不能满足需求时，单位应根据救援任务需求，制订应急资源更新、补充计划，并按流程上报审批。

5）单位应急资源达到使用年限或报废标准时，单位应及时进行报废处理。

6）单位应急资源根据需要可以进行调拨，应按流程上报审批，并及时更新清单。

学习单元 4　单位反恐怖防范措施

一、反恐怖防范的基础知识

1. 反恐怖防范的概念

反恐怖防范是指为避免恐怖袭击（如爆炸、劫持、撞击、纵火、施放核生化物质等）或伤害，运用科技手段、防护硬件软件，实施相关管理制度和措施等，以探测、延迟和应对恐怖袭击的行为。

2. 反恐怖防范的形式

（1）人力防范。人力防范简称"人防"，是指具有相应素质的人员群体的一种有组织的防范行为。

（2）实体防范。实体防范简称"物防"，是指利用建（构）筑物、屏障、器具、设备或组合，延迟或阻止风险事件发生的实体防范手段。

（3）技术防范。技术防范简称"技防"，是指利用各种电子信息设备组成系统和（或）网络以提高探测、延迟、反应能力和防护功能的防范手段。

以维护公共安全为目的，针对常态和非常态形势下反恐怖防范需求，综合运用人防、物防和技防措施而构成的反恐怖防范体系，称为反恐怖防范系统。

二、单位反恐怖防范的等级划分

根据国家反恐怖防范相关标准，参照一些省市反恐怖防范标准，单位反恐怖防范等级分为常态反恐怖防范和非常态反恐怖防范。其中，非常态反恐怖防范根据恐怖事件现实威胁情况、危险程度及采取防范措施的不同要求，从低到高划分为三个等级：三级非常态反恐怖防范、二级非常态反恐怖防范和一级非常态反恐怖防范。

1. 常态反恐怖防范

常态反恐怖防范是指不在特殊时段，无明显迹象，发生恐怖事件可能性较小的时期进行的反恐怖防范。单位常态反恐怖防范可采取以下措施。

（1）反恐怖防范人防措施

1）专职保卫人员负责反恐怖防范工作，执行24 h值班制度，在监控中心进行监控和调度指挥。

2）对拟聘用的工作人员进行背景审查，防止可疑人员上岗，定期对重点人员进行行为评估。

3）定期或不定期组织培训，不断提升单位全体员工的反恐怖意识。

4）严格执行人员、车辆和物资的出入管理，进行检查、审核、登记，禁止无关人员、不明人员或物资出入。

5）加强重要部位的值班守卫和巡逻，落实防范措施，及时发现并治理各类隐患，严防恐怖分子通过各种渠道将各类危险物品带入重要部位。

6）对进入重要部位的外来人员、工程项目人员，经保卫部门背景审查后方可办理审批、备案、通行手续。

（2）反恐怖防范物防措施。反恐怖防范物防设施主要包括防盗安全门、电动门、防盗栅栏、隔离栏（墩）等。物防设施应符合国家相关标准，安装要牢固可靠。

1）设置封闭式物屏障、照明设施、警示标志，出入口设置固定门岗（包括岗亭）并配备橡胶棍、防暴钢叉等用品。

2）重要部位、出入口等设置符合《建筑照明设计标准》（GB 50034）的照明设施，夜间照明设备的点亮率不低于95%。

3）保卫部门配备防暴头盔（1顶/人）、防护盾牌（1副/人）、防刺背心（1套/人）、防割手套（1副/人）、橡胶棍（1支/人）、强光电筒（1支/人）、自卫喷雾剂（1支/人）、防暴钢叉、防毒面具、防爆毯（罐）等装备。

（3）反恐怖防范技防措施。反恐怖防范技防设施包括安全防范系统监控中心、视频监控系统、出入口控制系统、电子巡查系统、公共广播系统等。

1）建立视频监控系统，并在重要部位安装视频监控探头，能够对监控的场所、部位、通道等实时、有效地视频探测、视频监视，图像显示、记录与回放，且具有视频入侵报警功能。

2）建立电子巡查系统，并在重要部位及巡查路线上的隐蔽位置安装巡查点。

系统在授权情况下应能对巡查路线、时间、巡查点进行设定和调整。监控中心具有对巡查时间、地点、人员和顺序等数据的显示、存储、查询和打印等功能，并提示违规记录。

3）设置公共广播系统并与监控中心联网，用于应对突发事件的广播，配置备用电源，能定时自检和故障自动报警，紧急广播具有最高级别的优先权，能在警报信号触发后立即投入运行。

2. 非常态反恐怖防范

（1）三级非常态反恐怖防范。三级非常态反恐怖防范是指在重大节日、重要时段等特殊时期，采取加强性措施的反恐怖防范，即在进行常态反恐怖防范的基础上，采取额外措施。三级非常态反恐怖防范主要包括以下内容。

1）提醒单位全体员工在此时段更要注意反恐怖防范。

2）增派 30% 或以上的保卫人员，加强重要部位的巡视、值守，加强出入口控制，保持通信畅通。

3）联系属地反恐怖工作部门，指导反恐怖防范。

4）提高检查各类防范和处置设备、设施的频率。

5）根据反恐怖工作部门、公安机关等职能部门要求采取的其他防范措施。

（2）二级非常态反恐怖防范。二级非常态反恐怖防范是指在有情报显示可能发生恐怖事件的情况下，采取有针对性、加强性措施的反恐怖防范，即在常态反恐怖防范和三级非常态反恐怖防范的基础上，采取必要的额外措施。二级非常态反恐怖防范主要包括以下内容。

1）在主要出入口增派双岗，严格重要部位出入检查，限制携带物品进入重要部位。

2）在重要部位安排反恐怖防范人员设点守护。

3）各级反恐怖防范人员保持有线、无线通信 24 h 畅通。

4）设置警戒区域，关闭非主要出入口。

（3）一级非常态反恐怖防范。一级非常态反恐怖防范是指在有情报显示即将发生恐怖事件的情况下，采取特殊性、针对性、加强性措施的反恐怖防范，即在常态反恐怖防范、三级非常态反恐怖防范和二级非常态反恐怖防范的基础上，增加额外措施。一级非常态反恐怖防范主要包括以下内容。

1）反恐怖防范领导小组保持 24 h 通信畅通，能随时参与指挥与调度。

2）开启现场机动车拦截装置等安全设施。

3）出入口限时开放，需持口令或书面授权才能出入。

三、单位反恐怖防范措施的管理

1. 单位反恐怖防范应急管理

（1）单位反恐怖防范组织机构。单位反恐怖防范领导小组承担本单位反恐怖防范应急管理工作，安全保卫部门负责反恐怖防范应急管理的具体工作，接受反恐怖防范领导小组的领导，其余各部门应积极配合安全保卫部门的工作，接受安全保卫部门的调度。

（2）单位反恐怖突发事件应急预案。制定本单位反恐怖突发事件应急预案，形成预案体系。预案要包括反恐怖突发事件处置的指导思想、编制依据、工作原则、单位反恐怖突发事件指挥体系（含突发事件联动、指挥权限、指挥程序）、单位反恐怖突发事件响应的启动—变更—解除机制、突发事件应急保障等内容。

（3）单位反恐怖应急演练。单位应结合实际，有计划、有重点、分层次、定期组织开展反恐怖应急演练，做好演练评估工作。同时积极参与由政府相关部门、监管机构组织开展的反恐怖防范联合应急演练，提高协调联动能力。每半年至少进行1次反恐怖应急演练。在一定时间内，单位反恐怖应急演练不应少于规定次数。

2. 单位反恐怖突发事件应急响应

（1）单位反恐怖突发事件响应级别

1）Ⅰ级响应。Ⅰ级响应对应可能导致严重后果或超出单位反恐怖突发事件处置能力，需要上级主管部门或当地政府协助处置的单位反恐怖突发事件。

2）Ⅱ级响应。Ⅱ级响应对应需要调动单位应急资源，单位有能力独立处置的单位反恐怖突发事件。

3）Ⅲ级响应。Ⅲ级响应对应各部门能够单独处置的单位反恐怖突发事件。

（2）单位反恐怖突发事件响应程序。单位反恐怖突发事件响应程序一般包括接警、响应级别确定、响应启动、救援行动、恢复与评估、响应结束。

1）接警。单位应设置突发事件24 h应急热线电话，并将热线电话告知单位全体员工，发现异常需立即拨打热线电话报告。单位突发事件应急指挥部门或突发事件应急管理值班室接到突发事件报警时，做好突发事件的详细情况和联系方式等信息的记录，并报告单位突发事件应急指挥机构。

2）响应级别确定。单位突发事件应急指挥机构接到突发事件报告后，应立即根据突发事件报告的详细信息，对警情作出判断，依据单位反恐怖突发事件响应级别的分级标准确定相应的响应级别。

3）响应启动。单位反恐怖突发事件响应级别确定后，单位突发事件应急指挥机构按所确定的响应级别启动单位反恐怖突发事件响应程序。例如，通知单位突发事件应急指挥部门有关人员到位，启用信息与通信网络，调配应急资源，派出现场指挥协调人员和专家组等。

4）救援行动。单位反恐怖突发事件现场处置人员进入突发事件现场，积极开展防暴、救助、抢险等有关突发事件现场处置工作，专家组为处置决策提供建议和技术支持。

5）恢复与评估。处置行动结束后，进入单位反恐怖突发事件恢复阶段，包括现场清理、人员清点撤离和受影响区域的连续监测，并对人员伤亡、财产损失、环境污染，以及其他损失进行评估。同时，对应急处置工作存在的问题和应急预案进行整改和完善等。

6）响应结束。由单位突发事件应急指挥机构按照程序宣布单位反恐怖突发事件应急响应结束。

（3）单位反恐怖应急处置。为了能够在应对恐怖事件时高效地进行判断与采取正确的措施，单位可根据自身情况将某几种明确类型的恐怖事件应急响应过程写入单位反恐怖应急预案。

1）接到扬言制造恐怖事件（散布恐怖信息）时：拨打报警电话，向单位领导汇报；将可能发生危险部位的人员有序疏散；做好重点区域的巡查，封控重点区域。

2）发现可疑爆炸物时：拨打报警电话，向单位领导汇报；将危险部位周边的人员有序疏散；尽量不要触及可疑爆炸物，可利用防爆毯或掩体进行围挡；打开该区域的门窗并切断相关电源。

3）发生恶意纵火、爆炸事件时：将发生危险部位的人员有序疏散；拨打120急救电话、119消防救援电话和110报警电话，同时开展自救；在各楼层、各个出入口发现可疑人员时，提供线索，协助警方尽快破案。

3. 单位反恐怖防范方案管理

单位反恐怖防范方案管理即单位反恐怖防范方案的管理办法。单位反恐怖防范方案管理办法的附件可根据实际情况，包括单位反恐怖防范人力资源清单及联系方式、单位反恐怖防范物资清单及负责人等。

四、单位反恐怖防范措施的检查

1. 单位反恐怖防范措施检查的准备

（1）根据单位反恐怖防范的迫切与重要程度确定是否成立专门的检查小组，由专人负责或由单位工作人员兼任。担任检查工作的小组成员或者个人，需具备一定的反恐怖知识，富有反恐怖相关经验，懂得反恐怖相关法律、法规，如曾长期在单位反恐怖防范机构中任职，有丰富的指挥调度经验的人。可聘请专家来对检查小组成员进行相关知识培训。

（2）应对实施检查的组织或个人授权，可对在单位反恐怖防范中没有履行职责的工作人员作出处罚，可对违反单位反恐怖防范相关规定的人员进行批评教育，可责令没有达到单位反恐怖防范要求的相关单位和人员进行整改，有组织单位反恐怖应急演练的权力。

2. 单位反恐怖防范措施检查的实施

（1）在常态反恐怖防范时，定时或不定时抽查单位反恐怖防范人员的在岗情况，是否按要求执行反恐怖防范相关规定，是否正确使用器具。

（2）定期抽查单位反恐怖工作物资状态，如果发现损坏或者不足，应及时向相关部门反映并监督进行设备补充。

（3）定期巡查单位各场所，发现需要整改的地方，应向相关部门或者领导反映，批准整改后，安排专人负责整改。

（4）定期检查单位反恐怖知识宣传教育的开展情况。督促单位反恐怖工作机构定时组织反恐怖应急演练，并就单位在演练过程中的不足提出建议。

（5）发现单位反恐怖防范可以改进的地方时，及时向相关部门或者领导反映，如果同意改进，应安排专人执行。

（6）在需要改变单位反恐怖防范等级时，如在重大节日需要从常态反恐怖防范改为三级非常态反恐怖防范时，检查小组需要提醒单位中相关的工作人员，并对改变单位反恐怖防范等级后的反恐怖防范进行监督检查。

（7）注意单位反恐怖防范中的漏洞，提醒单位反恐怖防范机构和人员。

学习单元 5　单位应急力量日常训练

应急能力是人的一种能力，属于潜意识行为。应急能力体现在人遇到突发事件时，能做到眼疾手快，闻风而动，把握时机，迅速捕捉到事件的危害与危险，根据以往的经验来判断并处理事件。应急力量的应急能力是在应急救援的过程中执行应急行动的实际本领，是应急力量基本素质的外在体现。提高单位应急力量的应急能力必须进行相应的能力建设，注重和加强日常训练是行之有效的途径之一。

一、单位应急力量的应急能力

从实践来看，单位应急力量的应急能力是多维度、多层次、多结构的。从其参与应急救援的阶段来看，单位应急力量的预防预警能力、信息获取能力、快速反应能力、专业保障能力、组织管理能力、合作协同能力、心理救助能力等贯穿应急管理的事前、事中、事后各个环节。

1. 预防预警能力

预防预警是指通过相关科学标准，对某事件未来的演化趋势进行预期性评价，以提前发现特定事件未来可能出现的问题及成因，并相应地提出防范化解的措施和办法。从传统的应急管理经验来看，预防预警能力是我国公共应急管理体系建设中的重点内容。提高单位应急力量的预防预警能力，是指在应对单位突发事件时，运用预案编写、专业预测、科普宣传等手段，最大限度地把各类风险隐患治理在源头，化解在初始，处置在萌芽。

2. 信息获取能力

社会信息化、信息社会化是人类社会发展的必然趋势。信息的生产、加工和利用一直主导着人们的生活，随着信息开发和利用的深入，信息资源作为人类社会战略资源的重要性日益彰显。全面准确的信息是展开一切应急工作的基础，单位应急力量的各类应急能力依赖于信息获取能力的有效支撑。单位应急力量的信息获取能力即单位在突发事件中应急信息的收集、存储和分析能力。随着大数据技术加速向应急管理领域的推进和应用，单位突发事件应急处置要求适应科技信息化发展的趋势。单位应急力量应能通过多种形式，参与应急信息化平台建设，运用大量的传感器、监视器等数据采集设备和应用软件等技术手段进行信息获取，提高监测预警能力，并辅助应急决策。

3. 快速反应能力

单位突发事件发生时，应急反应速度非常关键，快速反应能力是应急能力的主要体现，反应的速度快意味着应对危机的韧性强。灵活的应变能力和敏捷的反应速度，可以使单位应急力量在第一时间到达现场，抢救生命，避免灾害损失的扩大。因此，单位发生突发事件后，单位应急力量运用自身优势，积极响应并体现快速反应能力，即在最短时间内，能够及时果断地按照单位应急预案进行响应、救援、处置、恢复等，迅速有序地开展应急救援工作。

4. 专业保障能力

单位应急力量的专业保障能力是规范、有序进行救援的保证。专业保障能力能够有效保障单位应急力量承担应急抢险、医疗救助、卫生防疫、心理辅导、物资抢运、秩序维护等工作。在应急实践中，单位应急力量被分为主要应急力量、辅助应急力量、保障应急力量、预备应急力量和机动应急力量。具备一定专业技能和相关应急实战经验的单位应急力量，能够为应急救援工作提供高效的专业服务。

5. 组织管理能力

单位应急力量的组织管理能力是指单位应急力量在提供应急救援的过程中，基于增强系统韧性的目的提升应急管理效果，充分接受上级的领导与安排，整合相应的人力、物力资源投入应急救援工作。

6. 合作协同能力

在单位突发事件的应急处置中，单独的行动难以有效预防和应对重特大的危机事件。究其原因：或者是风险危机事件特别大，单独的行动能力不足以应对和解决危机；或者是事件本身就跨越了多个区域、领域，需要不同区域、领域合作应对。单位应急力量要在单位统一部署下，与其他内外部力量联动、协同作战、共同应对，才能实现应急处置目标。合作协同主体包括各级政府、专业救援队伍、单位各部门及公众等。合作协同内容包括信息协同、资源协同、人力协同、技术协同、组织协同等，只有满足合作协同救援这一基本要求，才能保证应急救援工作的顺利实施。

7. 心理救助能力

按照层次结构理论的观点，应增强各类组织的协调与合作机制，提升受灾人员的抗逆力，发挥心理干预的积极作用。心理学研究表明，人处在突发意外的紧急状况时，人脑容易受到自身生理和心理状态的影响，应激便是在很大程度上影响人脑应对的重要因素。在应激状态下，动态变化中的各种内外环境因素都可能破坏这种平衡状态，使机体处于非稳态，在短时间内，人可能会陷入恐慌。因此，心理救助对象不仅包括受灾人员，也包括现场处置人员。具备一定专业心理救助能力的单位应急力量通过对重点人员、重点岗位的心理安全风险识别与管控，第一时间进行心理疏导，能够很大限度地减少受灾人员与现场处置人员的心理创伤。

二、单位应急力量日常训练的类型

单位应急工作的重心之一是提升单位应急力量的应急实战能力，建设一支"平急"结合的专业化、常备化队伍，一支真正具有实战能力的队伍。要突出专业能力导向，结合自身实际，确保单位应急力量日常培训的制度化和常态化，确保其能够得到足够时间、足够强度、足够内容的专业训练。按照训练的形式，单位应急力量日常训练可以分为讨论型训练和实操型训练。

1. 讨论型训练

讨论型训练是以讨论为主的日常训练，包括专题研讨会、桌面训练等，其主要目的在于让单位应急力量熟悉、测验、完善现有的应急预案及工作流程。

（1）专题研讨会。专题研讨会旨在召集单位应急力量针对应急预案设定的事件处置全过程或某一环节的处置流程、方法、职责划分、协同方式等内容进行科学性、可行性和合理性的培训研讨。

（2）桌面训练。桌面训练是基于真实案例的情景推演。《突发事件应急演练指南》中规定：桌面训练是指参演人员利用地图、沙盘、流程图、计算机模拟、视频会议等辅助手段，针对事先假定的训练情景，讨论和推演应急决策及现场处置的过程。桌面训练中单位应急力量利用书面或口头形式而非具体操作行动来反馈处置的策略、方案，确保应急处置工作的流畅性、有效性、全面性。

2. 实操型训练

实操型训练以实操为主，包括技能训练、装备性能训练、综合训练。

（1）技能训练。技能训练是指针对单位应急力量单项技能的训练。

（2）装备性能训练。装备性能训练是指针对应急处置所需装备的功能和作用的训练。

（3）综合训练。综合训练是指将前述各种训练形式以实际操作的方式训练，主要利用情景构建，对模拟情境进行真实处置，实现训练检验、考核、展示的目标。从训练的策划、组织、实施角度而言，综合训练的难度和复杂性要高于其他类型的训练。

第二节 应急处置

学习单元 1　单位应急预案启动

一、突发事件现场处置的基本原则

现场处置方案是针对具体的装置、场所或设施、岗位所制定的突发事件处置措施。现场处置方案应具体、简单、针对性强。现场处置方案应根据风险评估及危险性控制措施逐一编制，做到事件相关人员应知应会，熟练掌握，并通过应急演练，做到迅速反应、正确处置。现场处置的基本原则如下。

1. **先救人，再救物**

以落实科学发展观为准绳，把保障人民群众生命财产安全，最大限度地预防和减少突发事件所造成的损失作为首要任务。突发事件的发生会造成各种各样的损失和后果，包括人员的伤亡、财产的损失、设备的损害以及对周围环境造成严重的影响。当突发事件现场处置可能面临多种价值目标选择时，要始终坚持把人员的生命和健康放在第一位，始终坚持"先救人，再救物"的原则，把保障人员的生命健康、基本生存条件放在首要位置。

突发事件具有不确定性和不稳定性的特点。在突发事件现场处置过程中，必须高度关注和重视现场处置人员的人身安全，避免次生、衍生事件的发生，这也是突发事件现场处置"以人为本"的体现。

2. **先避险，再抢险**

突发事件现场处置时，要对事件的现状和发展态势进行预估。如果存在危险化学品燃爆、火灾、中毒等重大风险，不能贸然进入现场，必须基本摸清原因后，

找准符合现场情况的救援方案，配齐必要的救援设备、设施，并报请政府相关专业救援机构和救援力量参与，才能进入现场进行救援。进入现场救援的前提是，先保障幸存人员和现场处置人员的生命安全，再进行抢险救援。

3. 先救灾，再恢复

突发事件发生后，必然造成人员伤亡或财产损失，现场处置人员抢险救援的同时，必须考虑灾后恢复的事情。由于抢险救灾是一件跟时间赛跑的事情，生命和财产的救援机会稍纵即逝，必须争分夺秒，快速反应。因此，灾后恢复必须在救灾活动结束后，再进行动员、部署和执行。

二、单位应急预案的启动程序

1. 接警与报告

（1）准确接警。接警时，明确突发事件发生的时间和地点、类型、涉及的危险和危害、人员伤亡、事态控制和趋势预判等基本情况。

（2）通知报告。将突发事件信息迅速报告给本单位突发事件应急相关负责人，上级单位及属地政府相关部门等，并列出所有通知对象的联系方式清单。突发事件信息包括事件发生的时间和地点、信息来源、事件起因、造成后果（伤亡人数、财产损失）、事件性质、影响范围、基本过程、发展趋势、负责人到现场情况、处置情况、已采取的措施、下步工作建议及现场处置负责人及联系方式等。

突发事件信息报告分为初报、续报、终报。初报在时间紧急情况下可先采用电话报告，之后再补报书面报告。突发事件发生后 1 h 内，单位负责人必须向县级以上人民政府相关部门报告，不得瞒报、谎报、迟报。

1）初报信息。初报信息包括信息来源、接报时间、发生时间、伤亡人数、财产损失、造成后果、事件过程等基本内容。

2）续报信息。续报信息包括核实数据、危害程度、影响范围、处置措施、保障情况、事件处置进展情况等基本内容。

3）终报信息。终报信息在初报信息和续报信息的基础上，包括汇总事件基本情况、处置情况、目前情况、下步工作（包括善后、重建及评估）等内容。

2. 指挥与控制

指挥与控制包括组建现场指挥部，明确现场总指挥，调度应急队伍，建立通信联络，启用专家支撑，发布现场信息。

3. 警报和紧急公告

当事件可能威胁到单位或周边区域时，应及时发出警报，告知事件性质和影响、自我保护措施、注意事项、疏散路线等。情况危急时，紧急疏散危险区域人员。警报和紧急公告是由上到下传达的，发布时需考虑以下事项。

（1）明确如何向公众发出警报，包括什么时候发布，谁有权决定启动警报系统。

（2）明确向公众发出警报的标准、方式、信号等，包括明确各种警报信号的含义，协调警报器的使用及每个警报器所覆盖的区域。

（3）在警报器发出警报的同时，应进行突发事件广播，向公众发出紧急公告，传递突发事件的有关重要信息（如对健康的危害、自我保护措施、如何实施疏散、疏散路线和庇护所等）。

（4）在特殊情况下发出警报，还应考虑下列情况。

1）警报盲区。

2）有特殊需要的群体，如听力障碍人员、语言不通的外籍人员或特殊场所（学校、医院、疗养院、精神病院、监狱或拘禁场所等）人员。

3）可能遭受事件影响的城市相邻地区。

4）除了利用警报器和紧急广播系统外，还应考虑请求消防救援、公安机关和志愿组织使用机动方式（如广播车）辅助发出警报和紧急公告。

4. 应急通信

应急通信是有效开展突发事件应急的基本保障，其保障功能包括指挥现场应急救援行动，及时向外部报告现场的状况，接受上级的指示以及向外部应急组织求援等。

5. 事态监测与评估

在应急过程中，必须对事件的发展态势及影响及时进行动态监测，建立监测和评估的程序，为现场的救援决策提供支持。事态监测与评估的内容包括事件的规模，事态的发展趋势、伤亡情况、危险物质的浓度及扩散状况，可能的二次反应包括有害物，食物、水源、环境卫生污染，爆炸危险性和受损建筑垮塌危险性以及污染物质滞留区等。

6. 公共关系

突发事件发生后，不可避免地会引起新闻媒体和公众的关注。单位应通过与新闻媒体和公众沟通，向社会发布准确的事件信息、公布人员伤亡情况，以及单位已采取的措施；为公众了解事件信息提供方便；接待、安抚受事件影响或波及的相关方。单位应明确信息发布的内部审核和批准程序，保证信息发布的统一性。

学习单元 2 应急资源调配

一、应急资源调配的基本原则

1. 统筹规划

单位应在风险识别、风险分类分级管控的基础上，统筹规划所需应急资源，统一协调管理，做到配置不冗余、不缺乏、不缺失。根据经营或运营场所的动态变化，实时更新需求，并按需配齐、配好应急资源。统一采购，统一管理，统一维修保养标准，统一监管，统一调度使用。科学合理规划应急资源的配置、储存场所、日常管理人员、应急时的调配制度，以及使用后的验收补充制度。

2. 分级负责

单位应根据实际情况，对应急资源因地制宜地实施分级负责管理。应提高应对高风险的应急资源的充足性、可靠性和优先性，并且提高负责人的管理权限。在满足法规要求的基础上，应对低风险的应急资源向应对高风险的应急资源倾斜，基层或中层管理人员可负责应急资源管理。

3. 统一调配

单位应基于信息化系统，建立线上应急资源调配系统，做到所有资源一本账，心中有数，及时采购补充，统一调配，满足应急需求。避免漏项、损坏、报废、遗失等问题。

4. 资源共享

单位应在统一调配的基础上，实现应急资源共享共用。单位各部门之间要充分实行应急时跨部门的动态支援和调配机制，实现资源使用效用的最大化。

二、应急资源调配的要求

1. 快速反应

应急资源调配应严格遵守快速反应的基本要求，做到有求必应，申请、审批、使用流程简单、快速、有效。尤其在应急响应中,应急资源调配优先于任何管理事项。抢应急反应时间窗口,越快反应损失越小。任何部门和相关方不得拖沓、影响应急资源调配,各部门和场所应全力支援应急资源调配。

2. 专人专管

在应急资源分类分级管控的基础上,按储存场所、使用区域、调配机制等制度要求,专人专管,做到应急资源的有效、有序管理。在管理权限上,做到单线管理和审批不拖沓、不交叉、不重复。

3. 实时跟踪

单位应做到对每一种类、每一具体应急资源可溯、可查、可用,一旦出现缺漏应第一时间补充,满足应急资源数量和质量要求。定期或不定期盘点库存和物资可用状态,建立统一台账,相关方能共享共查。

4. 分类分级

单位应按照生产或经营场所布局或业务需要,科学合理分散储存应急资源,并根据潜在事故、事件风险等级,制定相应的分类、分级管理制度,确保应急资源调配得到制度保障。

5. 按需调配

单位应急资源调配应按实际需求执行,不浪费、不重复、不过度。

6. 及时补充

根据单位实际需要进行应急资源调配,对欠缺的部分应当及时补充。同时,对使用过的应急资源要进行评估,对已经毁坏的应急资源要采购补充。

学习单元3 现场信息管理和应急沟通

一、突发事件现场信息管理的主要内容

1. 突发事件现场信息报告

突发事件现场信息报告是指按照应急管理信息报告制度,将应急响应的信息向相关部门传输,向上级报告,为应急响应的调度与指挥提供信息依据。单位应设立应急管理办公室,负责接收与传输突发事件现场信息。

（1）报告的内容。突发事件现场信息报告应包括以下内容。

1）突发事件的时间、地点、规模、涉及人员、破坏程度，以及人员伤亡等具体情况。

2）突发事件的起因、性质、影响程度及目前已采取的措施。

3）事态发展趋势及其他需报告的事项。

（2）报告的要求。突发事件现场信息报告应做到对突发事件反应灵敏，报告及时、准确，不得迟报、漏报、缓报、瞒报。值班人员日常应做好各种通信设备的使用、保障工作，发现设备损坏或者通信失灵应立即进行处理，配备备用通信设备，确保信息报告渠道安全畅通。

（3）报告的步骤。突发事件现场信息报告一般遵从以下步骤。

1）突发事件现场人员应立即向单位应急管理办公室值班员报告。

2）单位应急管理办公室值班员在收到有关信息后，应在最短的时间内进行必要的核实，第一时间报告单位突发事件应急主要负责人；根据负责人的指令（或直接）再向单位突发事件应急指挥机构报告。

3）根据事态发展、突发事件处置情况的变化，及时向相关部门、上级领导传输、报告后续信息。

（4）报告的形式。良好的信息沟通有利于突发事件的应对与处置。当前信息报告千头万绪，条条块块，同样一个信息既要向上级汇报，也要向同级报告，还要向外界发布。为了实现突发事件现场信息汇总和发布的顺畅，需要建立自下而上的纵向信息报告机制和横向信息披露机制，做到信息统一汇总、统一发布。

1）信息报告单线层层传递。当一个突发事件发生后，应由现场人员向本单位主要领导汇报，领导了解情况后，及时向单位信息汇总部门报告，由信息汇总部门领导确定后向上级对口部门汇报，完成信息纵向传递。

2）同级之间横向传递。在发生突发事件的单位，应由单位主要领导向相关人员通报；在单位内部，应由信息汇总部门向单位各有关部门和单位领导报告；同样，获得信息的上级信息汇总部门也应向同级其他部门和领导汇报，完成信息横向传递。

3）上下级对口联系。在单位内部，有关部门应及时了解突发事件的详细情况和处置过程，上级部门通过本级信息汇总部门和下级对口部门了解情况。

4）对外发布权威信息。在信息汇总部门将突发事件信息向单位有关部门报告后，单位对外联络部门应将有关信息向社会发布，同时报告政府有关部门，接受政府有关部门的询问和了解。

①建立分工明确、流程清晰的信息传递模式，避免传统的上下沟通不良、单位内部沟通不畅、信息传递阻塞现象发生，及时有效掌握突发事件现场信息，为快速处置突发事件和掌握事件处置进度提供有力的数据支撑，为有效指挥突发事件处置奠定良好基础。

②突发事件现场信息汇总部门应作为一个单独的机构，由单位主要领导担任负责人，其主要职责为负责突发事件现场信息的收集、汇总、分析，确定突发事件的类型和启动应急预案，负责突发事件现场信息的内部发布和向上级汇报。

③突发事件现场信息的对外发布还要考虑到公众对突发事件处置进展的关注度和认同感。

2. 发布应急信息

（1）突发事件发生后，应通过统一的信息发布渠道及时向公众发布应急信息，让公众了解突发事件的时间、地点、原因、伤亡人数、失踪人数、受困人数、影响范围、财产损失情况、已采取措施、救援情况等，提醒周边群众注意安全，疏散危险地区的居民。

（2）应急信息、预警信息可通过广播、电视、网络、手机短信等渠道发布。

（3）对于发布的应急信息，应备案记录，记录内容包括发布编号、事件编号、发布时间、发布类型代码、发布内容、发布机关、备注。

3. 舆情管理

虚假的突发事件现场信息会造成不必要的恐慌，由此可能造成严重的二次事件，产生不必要的损失，使应急救援的难度加大。单位应实时关注新闻、评论、论坛等发布的相关信息，发现不实信息，第一时间主动发声，正确应对和积极引导舆情，避免事态扩大。必要时，聘请专业的危机管理公司协助管理。

二、应急沟通的原则和流程

1. 应急沟通的原则

（1）以便于实现突发事件处置结果最佳为最高原则。应急沟通的时机、内容、方式、对象的选择，一定要基于有利于突发事件处置的大局和最佳结果的产生，而不是顾及面子、声誉、利益等因素。

（2）永远说真话，不说假话。真实性是应急沟通的生命。一定要告知公众实情和真相，即使为了处置的需要不能把真相和盘托出，也不能以子虚乌有的事搪塞和欺骗公众。欺骗的结果是失去公信力，无法再进行有效的应急沟通。

（3）抢占应急沟通的制高点，多渠道，快发布。在新媒体、自媒体普及，人人都是信息发布者的今天，一定要在第一时间，通过多种媒体和渠道发布突发事件的相关信息，牢牢把握话语权，引导舆论的正确走向，淹没和压制"擦边"信息。

（4）用一个声音说话。所有的信息都应该由相关负责人授权的机构发布，所有的应急沟通都应该由相关负责人指定的人员实施，发布的信息和沟通的内容应该得到相关负责人的审查和同意。其他了解内情的人，即使是某个方面的负责人，也不能泄露、透露任何有关突发事件的信息。

（5）拿不准的事不说。在应急沟通中，信息发布者常常会被问一些还没有明确答案的问题，千万不要贸然回答，如突发事件发生的原因，谁该为此承担责任等。在没有经过调查并得出结论之前，不能作出推测性回答。

2. 应急沟通的流程

（1）组建沟通小组。沟通小组或者是单位突发事件应急指挥机构的信息组，或者是新闻宣传组，或者是宣传报道组等。它们的功能大致相同，主要任务是统一发布突发事件信息，收集并适时解答现场人员和公众关切的问题，制定和发布指导措施等。为了完成这些任务，除了由单位宣传部门牵头外，沟通小组还应吸收媒体人员、应急专家等。

（2）确定应急沟通的受众。准确确定应急沟通的对象，是决定应急沟通能否成功的第一步。突发事件发生时，最需要知道突发事件信息的对象，可以分为内部受众和外部受众。

1）内部受众是指参与突发事件应急处置的应急管理人员。他们需要对突发事件的相关信息有全面、深入的了解，沟通小组应该以内部通报的形式随时向他们提供信息。

2）外部受众是指应急沟通的主要受众。其中，突发事件影响或可能影响的人员，是突发事件的受害者或可能的受害者，对突发事件的信息需求度最高、最迫切，是应急沟通首要关注的对象。受突发事件影响或可能影响人员之外的公众，沟通小组也要保证他们对突发事件总体信息的了解。

（3）确定应急沟通的内容。总的来讲，应急沟通的内容包括两大方面：一是受众最想知道的，二是受众最该知道的。应急沟通的内容见表4-9。

表 4-9 应急沟通的内容

受众最想知道的	1. 发生了什么事
	2. 对我有什么影响
	3. 单位做了什么
	4. 我该怎么办
	5. 谁该为此负责
	6. 我能得到什么补偿
	……
受众最该知道的（单位应该发布的）	1. 发生了什么事
	2. 对当事人有什么影响
	3. 单位做了什么
	4. 受众该怎么办
	5. 该怎么配合单位
	……
事件真相的其他信息	1. 不同渠道获得的信息
	2. 同样事件不同解释的信息
	3. 真假难辨的信息
	4. 故意造谣的信息
	……

（4）确定和培训信息发布者。一旦确定人选，就要对其开展培训。培训内容主要包括两方面：一是应急管理的理论和知识，特别是应急沟通和受众的信息需求方面的知识；二是方法和技巧，主要是回答问题的方式、方法、态度和用词技巧等。

（5）建立信息审批和清除制度。要建立突发事件信息审批和清除制度，负责人一般是沟通小组的组长。所有用以发布和沟通的应急信息，都要事先经过其审核和批准。过时的信息要及时清除或者标明作废，以免被误用，造成不必要的损失。

（6）处理流言和谣言。在新媒体、自媒体十分发达的今天，很多突发事件都会伴随着流言或者谣言，干扰突发事件的应急处置。处理流言和谣言，要采取预防和治理双管齐下的方法。预防是要抢先发布有关突发事件的各种信息，让公众对突发事件的方方面面有比较完整的了解，不给谣言可乘之机。治理是要在辟谣的同时，找到谣言的制造者，对其进行批评教育，责令其公开检讨。对于违法的造谣者、传谣者，交由司法机关处理，并及时公布处理结果。

学习单元4　现场潜在危险识别

一、现场潜在危险识别的基础知识

1. 潜在危险的概念

潜在危险是指存在发生事故、灾难或其他突发事件可能性的威胁。在处置突发事件时，经常遇到各种潜在危险，如果不能被有效识别，并采取针对性的处置措施，可能导致事故发生或者事态恶化。因此，必须根据现场情况，提前识别潜在危险，并采取有效措施进行处置。

2. 潜在危险的分类

（1）人的不安全行为

1）心理、生理性危险和有害因素。心理、生理性危险和有害因素包括：负荷超限（指易引起疲劳、劳损、伤害等的负荷超限），健康状况异常，从事禁忌作业，心理异常，辨识功能缺陷，其他心理、生理性危险和有害因素。

2）行为性危险和有害因素。行为性危险和有害因素包括指挥错误，操作错误，监护失误，其他操作错误，其他行为性危险和有害因素。

（2）物的不安全状态

1）物理性危险和有害因素。物理性危险和有害因素包括：设备、设施缺陷，防护缺陷，电伤害，噪声，振动危害，电离辐射，运动物危害，明火，能够造成灼伤的高温物体，能够造成冻伤的低温物体，粉尘与气溶胶，作业环境不良，信号缺陷，标志缺陷，其他物理性危险和有害因素。

2）化学性危险和有害因素。化学性危险和有害因素包括：易燃易爆性物品、自燃性物品、有毒物品、腐蚀性物品、其他化学性危险和有害因素。

3）生物性危险和有害因素。生物性危险和有害因素包括：致病微生物、传染病媒介物、致害动物、致害植物、其他生物性危险和有害因素。

（3）环境的不安全因素

1）室内作业场所环境不良。

2）室外作业场所环境不良。

3）地下（含水下）作业场所环境不良。

4）其他作业场所环境不良。

（4）管理的缺陷

1）保卫管理组织机构不健全。

2）保卫管理责任制未落实。

3）保卫管理规章制度不完善。

4）保卫管理人员、资金等投入不足。

5）保卫管理教育培训不到位。

6）其他保卫管理工作不到位。

二、现场潜在危险识别的内容

1. 现场潜在危险的监测和评估

突发事件的处置现场可能会存在各种潜在危险，后续危险随时发生、蔓延和扩大，导致危害加剧，并对现场处置人员的安全构成一定的威胁。在进行突发事件处置时，必须对现场潜在危险进行监测和评估。例如，在爆炸事件中，由于现场可能存在未爆炸的危险品，对其进行处置决定了处置工作的最终效果。对无法搬走的危险品，除采取必要的措施进行保护外，还必须安排有经验的工作人员对其进行实时监测。

2. 现场情况与应急资源的匹配

现场情况与应急资源是否匹配是应急处置工作能否取得成功的重要因素之一。应急资源不足，可能会对现场的控制不力，导致损失扩大。及时组织足够的应急资源参与现场处置，是保障处置工作顺利进行的基础。但动用过多的应急资源，也可能造成不必要的浪费。通过对现场情况以及处置难度的评估分析，及时采取各种措施，调动相应的人力资源和物力资源参与现场处置，是应急处置快速、有效的重要保证。在实践中，无论最终需要多少应急资源，都应特别强调第一出动的重要性。有力的第一出动可以在处置之初有效控制事态。如果第一出动不足，再调集其他力量增援，则可能失去应急处置的最佳时机。值得注意的是，由于突发事件的性质和特点不同，处置难度和处置所需的力量也不尽相同。

3. 人员伤亡情况评估

人员伤亡情况不仅决定突发事件的规模与性质，而且也是安排现场救护主要考虑的因素。在我国突发公共事件的报告制度中，人员伤亡情况是决定事件报告的期限、响应级别的重要指标。当人员伤亡情况超出单位的处置能力时，必须及时请求协同应急资源的支持。人员伤亡情况评估包括确定伤亡人数、伤员主要的伤情、需要采取的措施及需要投入的医疗资源。

在突发事件刚刚发生时，人员伤亡情况一般应以事发时可能在现场的人数作为基准，根据突发事件的严重程度分析评估。根据应急管理的适度反应原则，人员伤亡情况评估应尽量实事求是。如果估计过重，不仅会造成应急资源的浪费，而且会加重突发事件对社会心理的冲击；反之，则可能由于报告不及时，应对不足而错失救援的良机。在现场医疗救护中，对于已经死亡的人员，要妥善安置尸体，尽可能收集相关证物和遗物，为善后工作和调查工作提供依据。

4. 周围环境与条件评估

一些灾难性突发事件在应急处置过程中依然处于活跃期，随时可能造成新的危害后果，而周围环境与条件是其再次爆发的主要因素，因此必须随时注意周围环境与条件对处置工作的影响。周围环境与条件评估包括对空间、气象、处置工作的可用资源特点的了解与评估。不同类型突发事件的现场对周围环境与条件的把握应有不同的侧重点。例如，空难事件发生在不同的空间位置，其蔓延的可能性、处置工作中可利用的资源也不同。周围环境与条件评估的重要性在于，可以让灾难性突发事件的应急处置部门比较清晰地了解周围环境与条件，从而合理地配置和使用不同的应急资源，提高应急处置的效率，达到预期的效果。

应急救援现场总指挥应组织专家、相关技术人员对突发事件现场存在的潜在危险进行辨识、识别、评估现场及周围环境存在的危险因素。对能处理的，提出解决潜在危险的方案，避免二次事件（故）发生；对无法处理的，分析突发事件发生可能带来的后果以及制定及时止损措施。

第五章
培训与指导

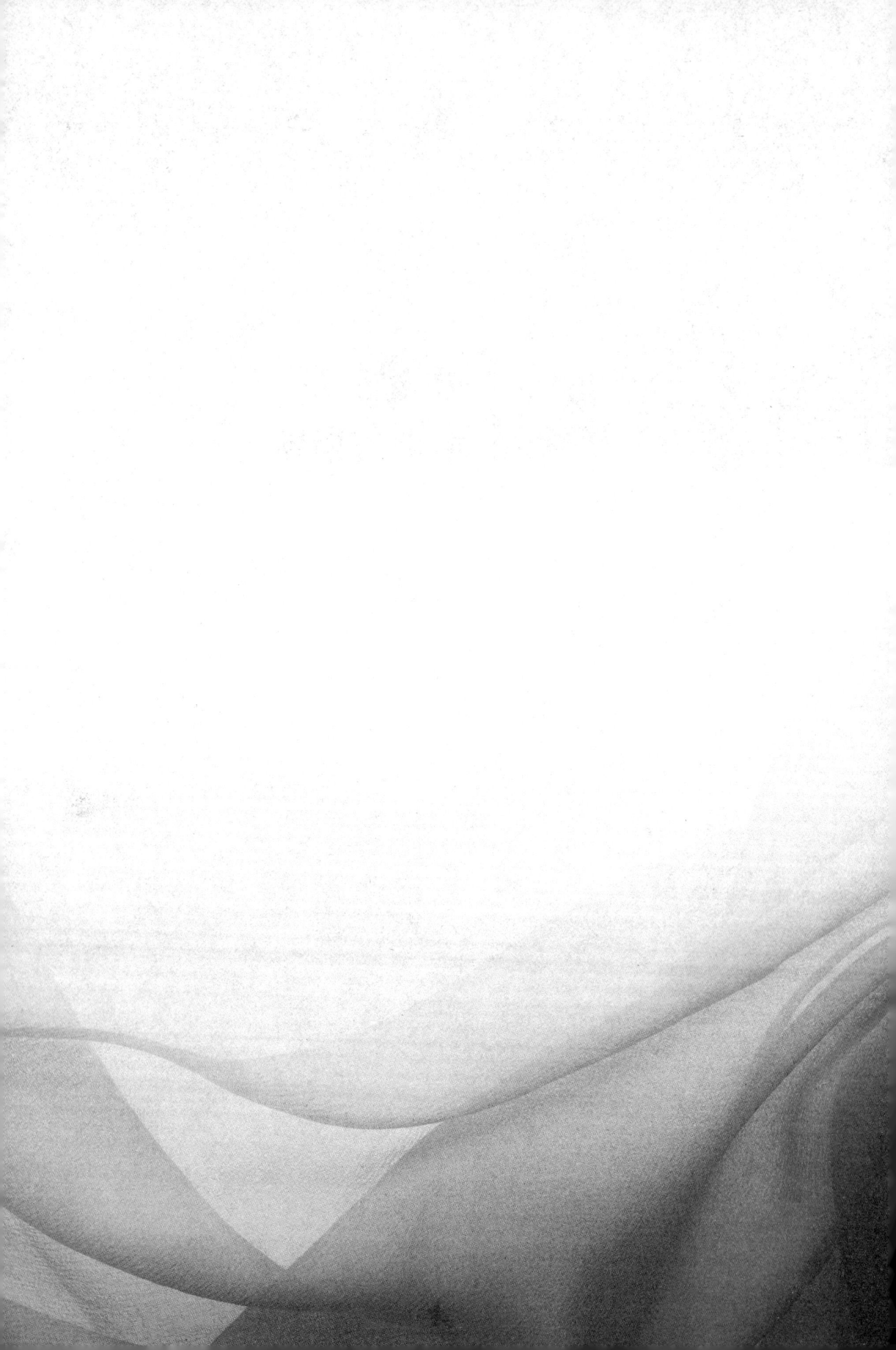

第一节 培训实施

学习单元1 单位保卫人员业务培训

一、单位保卫人员业务培训的基础知识

1. 保卫管理员职业技能培训

（1）职业技能等级的设定。《保卫管理员国家职业技能标准（2020年版）》对保卫管理员的职业定义为：从事维护机关、团体、企业和事业单位内部治安秩序，开展治安防范，预防违法犯罪，保护单位内部人员和财产安全工作的人员。保卫管理员职业共设三个职业技能等级，由低到高分别为：三级/高级工、二级/技师、一级/高级技师。

（2）职业能力特征。具备智力、体力、观察、判断、表达、应变、协调等能力。

（3）普通受教育程度。大学专科毕业（或同等学力）。

（4）保卫管理员职业技能鉴定申报条件的特别说明。由于保卫管理员职业不设五级与四级，申报三级/高级工的条件之一为：取得保安员（四级/中级工）职业资格证书（技能等级证书）后，累计从事相关职业工作2年（含）以上。

2. 单位内部业务培训

单位内部业务培训是指单位自行组织的应用定制化培训形式，对保卫人员进行培训，使其在知识、技能、态度等诸方面有所提升。单位应根据不同的培训对象和培训内容，采取多种培训方式和方法，以求取得好的培训成效。单位内部业务培训包括入职培训、岗位培训、转岗培训、晋升培训和知识技能更新培训等。

（1）入职培训。入职培训是指单位对新进保卫人员进行强化单位文化、法律法规、劳动纪律、安全生产、团队精神等方面的培训。学习员工守则，熟悉单位规章制度、保卫行为规范和奖惩条例等，特别是将新进保卫人员的状态调整到位。入职培训可结合师傅带徒弟的方式进行，并在试用期内进行考核评定。

（2）岗位培训。岗位培训是指根据岗位要求所应具备的知识和技能，对在岗保卫人员进行的培训活动。目的是提高在岗保卫人员的业务知识和专业技能。岗位培训是在定岗基础上，按照岗位的需要，全面提高保卫人员的政治、文化和技能业务素质，并以提高岗位工作能力为重点的培训。岗位培训的针对性和实用性强，培训对象已具备一定的理论知识和技能基础。

（3）转岗培训。转岗培训是指为转换岗位，使转岗保卫人员掌握新岗位的业务知识和技能，取得新岗位上岗资格所进行的培训。随着劳动合同制度的推行，转换岗位的情况经常发生，在转岗之前，要按新岗位的规范进行培训，使转岗保卫人员能在较短时间内尽快适应新岗位。如果转岗的跨度较大，就需要进行全面的培训，以掌握新知识、新技能。转岗培训的方式包括与新进保卫人员一起参加拟转岗位的岗前培训，接受现场的一对一指导，外出参加培训，接受单位的定向培训。

（4）晋升培训。晋升培训一般是指保卫人员职务晋升前，按晋升后高一层次的岗位要求对其进行的培训。单位应对在岗保卫人员进行职业生涯规划，当其职业素养和职业技能得到提升后，考虑将其放到一个更高的位置去发展，以充分展现才能并发挥潜能，实现人力资源的最大化效果。单位应依据人力资源发展规划，创造培训机会，有针对性并根据需求安排培训课题，使晋升保卫人员在职业技能和管理水平上有一个新的提高。

（5）知识技能更新培训。知识技能更新培训是指对在岗保卫人员继续教育培训。现代化管理理念的创新、岗位功能的扩展、新技术的应用，对在岗保卫人员提出了知识更新、技能提高的新要求。知识技能更新培训的形式包括集中培训、开设高级研修班、结合工作实践组织培训（业务进修、学术交流、技术考察）等。

单位内部业务培训一般可由单位内部管理人员作为主讲人，根据单位内部培训资料进行培训；也可由内部培训讲师去外面听各类课程，然后回到单位转授给单位保卫人员。如果单位外聘讲师，可以为保卫人员带来解决问题的新思维、新方法，会产生不一样的效果。

 **相关链接**

"十四五"期间职业技能人才培养方向

现代职业教育体系必须是开放的,具有系统自身的协调性和育人功能,以人的终身发展为本,成为国家教育改革发展,乃至推动整个社会改革发展的重要途径。2021年8月,《"十四五"就业促进规划》第六部分提出"提升劳动者技能素质""把技术技能人才培养培训放在更加突出的位置,着力改善劳动力要素质量,建设一支符合高质量发展要求、适应现代化经济体系、具备较高职业技能和道德素质、结构比较合理的劳动者队伍"。其中提道:完善职业技能培训政策体系。面向市场需求加强职业技能培训,健全终身职业技能培训制度,深入实施职业技能提升行动,支持企业开展职工在岗培训。强化安全生产技能培训,提高劳动者安全生产素质。实现培训供给多元化。构建以公共实训基地、职业院校(含技工院校)、职业技能培训机构和行业企业为主的多元培训载体。提高劳动者职业素养。大力弘扬劳模精神、劳动精神、工匠精神,营造劳动光荣的社会风尚和精益求精的敬业风气。加强职业道德教育,引导劳动者树立正确的人生观、价值观、就业观,培养敬业精神和工作责任意识。《"十四五"就业促进规划》为"十四五"期间职业技能人才培养指明了方向。

二、单位保卫人员业务培训的内容

1. 保卫工作基础知识

保卫工作基础知识包括职业道德基本知识、基础理论知识、专业基础知识和相关法律知识。

2. 业务相关知识与技能

业务相关知识与技能包括组织防范、技术防范、保卫管理、应急管理、培训与指导。保卫管理员业务培训内容见表5-1。

表 5-1　保卫管理员业务培训内容

等级 知识与技能	三级/高级工	二级/技师	一级/高级技师
1. 组织防范	1.1 勤务实施 1.2 秩序维护 1.3 安全检查 1.4 防卫术应用	1.1 方案策划 1.2 目标保卫	1.1 规划 1.2 评价
2. 技术防范	2.1 系统辨识 2.2 系统操作	2.1 系统工程建设管理 2.2 系统运维管理	2.1 系统应用管理 2.2 系统效能管理
3. 保卫管理	3.1 人员管理 3.2 宣传教育 3.3 档案管理 3.4 文书制作	3.1 制度落实 3.2 队伍建设	3.1 目标管理 3.2 安全风险管理 3.3 队伍建设
4. 应急管理	4.1 先期处置 4.2 现场秩序维护	4.1 应急准备 4.2 应急处置	4.1 应急准备 4.2 应急处置 4.3 总结与恢复
5. 培训与指导	5.1 培训实施 5.2 业务指导	5.1 培训实施 5.2 业务指导	5.1 培训实施 5.2 业务指导

三、单位保卫人员业务培训的方式与方法

1. 单位保卫人员业务培训的方式

单位保卫人员业务培训可采取线下和线上两种方式。线下培训方式包括脱产培训、基本业余培训、全业余培训、实习基地实习、专题集训、调查考察等，多为集中面授形式。线上培训方式包括函授、自学考试、网络直播等。线上培训方式有助于缓解工学矛盾，特别在疫情防控期间，线上培训方式被广泛使用。以下介绍几种主要的培训方式。

（1）脱产培训。脱产培训是指离开工作岗位，参加集中教育培训。保卫人员培训期间不在原单位工作，与全日制学生一样在校学习与考试，管理模式与普通学校一样，有相对固定的培训场所和管理要求。

（2）基本业余培训。基本业余培训即培训基本不影响工作，是指单位保卫人员利用部分工作时间和周末或晚上时间参加培训。相比脱产培训，基本业余培训的时间相对自由，具体采取什么方式要结合本人的情况确定。脱产培训方式可能会导致岗位工作难以安排时，可安排基本业余培训，以满足远郊地区或者人手偏紧单位保卫人员的培训需要。基本业余培训适用于成人高等学历教育、职业资格

等级培训、系统或单位内部的岗位培训等。

（3）全业余培训。全业余培训不同于脱产培训，通常是利用休息时间或者周末，参加培训和考试，不影响岗位工作。单位内部的轮训、夜大、函授或自学考试等均可采用全业余培训方式。

（4）线上培训。线上培训是一种新型的利用计算机网络实施培训的方式。线上培训方式灵活，符合分散式学习的新趋势，节省培训的时间与费用。这种培训方式信息量大，传递新知识、新观念的优势明显，更适合成人学习，是职业培训发展的一个必然趋势。

2. 单位保卫人员业务培训的方法

（1）讲授法。讲授法是指通过集中面授的方式，讲师系统地向单位保卫人员传授知识与经验的一种培训方法。

讲授法的优点是适用面广，培训场地能同时容纳多名单位保卫人员，教学时间也容易控制。授课前，讲师有充分的备课时间，还可以对单位保卫人员的情况与需求有所了解，做到既备课又备人。授课中，讲师能充分发挥讲课技巧，激发单位保卫人员的学习兴趣和学习动力，提高培训效果。授课后，师生继续保持沟通，及时反馈培训信息。

讲授法的缺点是由于受到工学矛盾的影响，单位保卫人员不能每次都到场参加培训，出席率低是普遍的现象，在一定程度上影响培训质量，严重的还可能会影响讲师的培训热情。

（2）专题讲座法。专题讲座法是指按照单位保卫工作实际需求，围绕某个专题，量身定制个性化的培训方法。专题讲座法为单位保卫人员提供更具有针对性、实效性的培训，满足单位保卫人员了解业务信息的需要，以专业的角度剖析专题，为单位保卫工作提出解决问题的方案与策略，并推动实施，协助单位化解矛盾、规避风险、提升绩效。

（3）研讨法。研讨法一般可采用研讨会或小组讨论会两种方式。研讨会多以专题研讨为主，中途或会后提供单位保卫人员与主持者交流沟通的机会。其优点是信息可以多向传递，与讲授法相比反馈效果较好。小组讨论会规模较小，参加讨论的单位保卫人员一般不宜超过 25 人。其特点是信息交流方式为多向传递，单位保卫人员的参与性高，对于巩固知识，训练单位保卫人员分析问题、解决问题、人际交往的能力较为有利。

采用研讨会法培训，由一名或数名指导训练的人员担任研讨会的主持者，对研讨会的全过程实施策划与控制。小组讨论会对主持者的要求较高：在讨论前，主持者要对讨论主题进行分析准备；在讨论过程中，要求主持者具有良好的应变、临场发挥与控制的才能，能够即时解答单位保卫人员提出的问题，谋求观点与看法趋同；在讨论结束阶段，主持者的口头表达与归纳总结能力同样至关重要。小组讨论会的培训效果，取决于主持者的经验与技巧。主持者要善于激发单位保卫人员踊跃发言，引导单位保卫人员自由发挥想象力，增加其参与性；要控制好小组讨论会的气氛，防止讨论偏离主题；要分阶段对讨论意见进行归纳小结，逐步引导单位保卫人员对讨论结果达成比较统一的认识。

（4）案例分析法。案例分析法是指提供相关案例背景资料，组织单位保卫人员进行分析与评价，寻找合适的解决方法，提出解决案例问题的建议和方案，有效提升单位保卫人员分析、解决问题的能力。在单位保卫人员培训中，运用案例分析法效果会更佳。案例分析法要求单位保卫人员对选用的案例事先进行研读，熟悉案例并依照"发生什么问题、问题因何引起、如何解决问题、应采取什么对策"的思路进行初步分析。与研讨法不同，通过案例分析，在提出解决问题的同时，也培养了单位保卫人员的分析、判断能力。通过对特定案例的分析，单位保卫人员集思广益，相互启发，共享集体的意见与智慧，有助于未来在工作中的应用。

（5）工作指导法。工作指导法是指安排有保卫工作经验的人员，在日常工作中，对单位保卫人员进行带教和传授经验的培训方法。工作指导法可以是一对一的现场个别培训，也可以是一对多的培训与指导。这种培训方法俗称"师带徒"，师傅的任务是教会徒弟如何做与如何做得好，并对徒弟及时鼓励与指出不足。

（6）应用现代教育技术法。应用现代教育技术法是指将现代教育技术设备（电视机、摄像机、投影仪、收录机、电影放映机等）和网络传输，作为重要辅助手段的培训方法。它对师生解决难点和重点问题所起的作用是不言而喻的。随着培训内容改革的发展，培训的有效性更多地体现在现代教育技术与培训内容的整合上。这种整合是指现代教育技术与知识技能结构与内容、培训资源及培训实施等融合为一体，成为培训的有机组成部分。

（7）自学法。由于保卫工作具有工作任务重、要求高、突发性强、业余时间少的特点，自学法应该是一种比较适合单位保卫人员的培训方法。有一定自学能力的单位保卫人员可以通过参加高等教育自学考试的方法，提升学历层次。高等教育自学考试是对自学者进行以学历考试为主的高等教育国家考试，是个人自学、社会助学和国家考试相结合的高等教育形式。单位保卫人员可以选择政治类、法学类、社会管理类等专业,克服工学矛盾突出的困难。同样,函授方法也是如此。

（8）利用单位外部培训资源法。目前,社会上提供的培训课程资源非常丰富,单位可根据保卫工作需要,选择一些有针对性、有实际意义的培训主题,有计划地安排单位保卫人员参加,为单位保卫人才储备创造条件。这种方法对提升单位内部讲师的业务水平和教学水平也十分有效,给讲师创造学习机会,使其了解和掌握新知识、新技术、新观念,提高培训水平。

学习单元 2　单位保卫人员年度培训工作计划制订

单位保卫人员年度培训工作计划,是指保卫部门在分析单位保卫人员培训需求的基础上,对下一年度的培训目的、培训对象、培训内容、培训时间、培训地点、培训方式和培训费用等预先规划的应用文本。制订单位保卫人员年度培训工作计划,是一项紧密围绕单位发展战略目标,提高单位保卫管理水平与管理效能,提升单位保卫人员"防范与处置"两大核心能力的工作策划与组织行动依据。

一、单位保卫人员年度培训工作计划制订的要求

单位保卫人员年度培训工作计划的可行性与前瞻性和针对性紧密联系。制订一份科学的单位保卫人员年度培训工作计划,应符合前瞻性、针对性与可行性的要求。

1. 前瞻性要求

单位保卫人员年度培训工作计划的制订必须充分体现前瞻性,需要结合整个社会治安形势的大背景,参考单位的发展战略规划,对单位安全管理的未来需求进行预测分析。面对一个难以预测和持续变化的信息时代,单位保卫人员的业务培训工作需要提前布局,改变以往凭经验和直觉判断的旧习惯,利用积累的人力资源资料和统计数据,运用先进的分析技术进行预测和洞察,更加智慧地超前一步优化单位保卫人员年度培训工作计划,培养单位保卫人员具备更高的职业技能,确保《企业事业单位内部治安保卫条例》"预防为主、单位负责、突出重点、保障安全"的方针更好地贯彻落实。

2. 针对性要求

针对性是制订单位保卫人员年度培训工作计划的聚焦要求。要求制订的单位保卫人员年度培训工作计划应聚焦本单位保卫工作需求，聚焦单位实施各类、各层次职业培训的目标设计，聚焦单位保卫队伍结构优化，聚焦实施单位保卫人员业务培训工作的策略，聚焦单位保卫人员职业素养和技能提升的实际效果。

3. 可行性要求

单位保卫人员年度培训工作计划是否具有可行性，是检验计划是否"接地气"的核心指标之一，是保证计划的科学性和实用性的重要条件。计划是否可行首先要看计划设定的年度培训工作目标是否合理，目标定得过高，不符合单位战略发展规划，目标定得过低，达不到培养单位保卫人员的要求。其次，培训对象、培训方式、培训师资、培训内容、培训时间等要素的确定均需综合考虑可行性。最后，计划的可行性离不开单位的培训预算与保障条件等的支持。

二、单位保卫人员年度培训工作计划制订的方法

1. 单位保卫人员年度培训工作计划制订的原则

制订单位保卫人员年度培训工作计划应该满足单位及保卫人员两方面的需求，兼顾单位资源条件及保卫人员素质等基础状况，同时，还应充分考虑单位人才培养的超前性及培训的不确定性因素。

（1）组织培训需求调查是制订单位保卫人员年度培训工作计划前必须做的功课，避免无的放矢，使培训流于形式，浪费单位的培训资源。

（2）单位保卫人员年度培训工作计划必须具备实用性和实效性，应考虑设计符合单位保卫人员特点的培训方式，以适应单位保卫人员的需要与个体差异。

（3）制订单位保卫人员年度培训工作计划还应考虑单位能够提供的培训资源支持，单位保卫人员面临工学矛盾的实际困难。

（4）关注单位保卫人员年度培训工作计划的细节，要求做到考虑周全。

2. 单位保卫人员年度培训工作计划的分类

（1）按照培训对象划分，可分为新进保卫人员年度培训工作计划、在岗保卫人员年度培训工作计划、管理人员年度培训工作计划。

（2）按照培训层次划分，可分为单位级年度培训工作计划和部门级年度培训工作计划。

将不同培训项目归纳为不同的培训类型，更有利于对培训进行统一安排和管

理，节约单位的培训资源。

3. 单位保卫人员年度培训工作计划的结构

单位保卫人员年度培训工作计划的结构包括培训目标、培训对象、培训内容、培训方式、培训时间和地点、培训实施步骤、培训师资、培训组织、培训预算、培训保障、培训效果等要素，单位还可根据实际情况增加或删减结构要素。

4. 影响单位保卫人员年度培训工作计划制订的因素

（1）在单位保卫人员年度培训需求调查中，应听取单位保卫人员和部门主管的想法和意见，他们的参与可使单位保卫人员年度培训工作计划制订更切合真实需要，有助于其顺利实施和提高培训效果。

（2）制订单位保卫人员年度培训工作计划时，应充分考虑如何解决工学矛盾的问题，否则会直接影响单位保卫人员年度培训工作计划的执行和增加日常管理的难度。

（3）制订单位保卫人员年度培训工作计划时，应考虑单位资源的基础状况。有的单位保卫人员年度培训工作计划可能很理想，但超过了单位资源的提供能力，不切合实际。因此，年度培训工作的规模、水平及程度，应结合单位的资源通盘考虑并科学计划。

5. 单位保卫人员年度培训工作计划的典型案例

案例名称：××（单位）保卫人员 ×× 年度培训工作计划

情景描述：某单位拟编制下一年度保卫人员培训工作计划，框架内容如下。

××（单位）保卫人员 ×× 年度培训工作计划

（一）引导语

分析：在引导语中说明制订年度培训工作计划的出发点。

（二）培训目标

分析：年度培训目标达成的可行性。

（三）培训项目与培训对象

分析：下一年度单位计划实施的各类培训项目、培训对象层次、培训人数规模。

（四）培训内容和培训方式

分析：各类培训项目和主要培训内容，采用何种培训方式实施培训。

（五）培训组织实施

分析：

1. 培训组织机构，培训组织分工。
2. 培训时间和地点。
3. 培训实施步骤。
4. 培训师资。
5. 培训管理等。

（六）年度培训预算

分析：年度培训预算的一般做法是依据历史记录，再根据单位下一年度的实际需求确定。

（七）培训保障

分析：培训保障工作贯穿于培训的全过程。

（八）年度培训工作计划的落款

分析：年度培训工作计划制订日期。

6. 单位保卫人员年度培训工作计划制订的步骤

（1）单位保卫人员年度培训需求调研。

（2）分析年度培训需求调研资料和采集的信息。

（3）提出适合单位保卫人员的建议，并进行反馈与调整。

（4）确定年度培训目标。

（5）设计培训课程与内容，聘请培训讲师。

（6）申请培训预算。

（7）制订单位保卫人员年度培训工作计划。

（8）为培训安排后勤保障。

学习单元3　单位保卫人员培训实施方案编制

一、培训实施方案的基础知识

1. 培训实施方案的概念

实施方案属于应用写作的一种文体，是指对某个实施项目，从项目目标要求、组织机构、工作重点、工作内容、方式方法、实施步骤、具体措施等方面，作出全面而又明确的具体安排。它是即将实施项目的行动指南,也是具有方向性和导向性的工作筹划。

培训实施方案也称"培训项目执行方案"。在培训筹备阶段,培训实施方案为即将启动的培训项目全过程的各个环节进行具体而周全的策划,成为培训项目成功实施的重要保障。

2. 培训实施方案的特点

(1)预见性。预见性是指对培训项目展开的预判,对还未实施的培训各环节准确布局,从而在执行培训实施方案时,能真正做到"心中有数,按部就班"。

(2)可操作性。可操作性是指培训实施方案的每一步都详尽具体且符合实际需求,是一份"接地气"的行动指南,具有科学性和合理性的特点。

(3)具体性。培训实施方案内容应非常具体,对培训工作的目标、内容、方法、步骤、要求等各个环节,作出明确的安排。

(4)规定性。培训实施方案的规定性表现在两个方面:一是培训实施方案要根据单位战略发展和人力资源规划的要求来制定;二是培训实施方案制定以后,相关培训部门必须按照培训实施方案组织实施。

3. 培训实施方案的作用

(1)论证作用。培训实施方案对培训计划具有论证作用。它能检验培训计划的合理性与可行性,使其得以顺利落实和执行,最终使培训工作取得最佳效果。如有必要,还可以微调培训计划,使其更加成熟。

(2)目标具体化作用。培训实施方案的目标要明确、具体且可执行、可操作。如果目标不明确、不具体,执行者会感到无所适从,执行中会产生偏差。因此,在编制培训实施方案时,要明确提出培训工作的各项目标,决不能含糊其词。

(3)创新作用。面对迅速变化的环境、培训需求和个人的职业发展状况,在编制培训实施方案时,要运用创新思维、系统方法,科学确立培训实施的方法和步骤,提出培训实施的新思路、新理念、新策略,评价培训实施的成果。

(4)管理作用。提高培训计划的执行力,要通过培训实施方案来落实。培训项目团队的所有成员都要依照培训实施方案的执行步骤和工作流程,按照培训工作内容要求,统一指导思想,实现科学管理的目标。

(5)跟进作用。培训实施方案具有跟进作用,可用于对培训工作过程进行监管。跟进作用的发挥,可以清楚地知道培训工作任务的进展程度,还可以及时发现问题并提出解决问题的路径,弥补与纠正一些前期工作的不足与缺陷,保证任务推进的正确方向。

（6）沟通与协调作用。在培训实施方案执行过程中，有时会受到认知、水平、心理、表达、沟通等因素的影响，使得执行效果打折扣。在编制培训实施方案时，应加入沟通与协调的内容，如设置几种应急处置的条文，明确组织机构的牵头者，避免扯皮、推诿现象的发生。

（7）资源配置作用。培训实施方案需要有详细的资源配置策划，明确人力、物力等资源的配备情况，体现人员的组织配置、相应权责及时间地点信息，以便后续的协同执行。

4. 培训计划与培训实施方案的区别

（1）内容对象的区别。培训计划是针对今后一定时期内，准备开展培训工作的呈现文本。培训实施方案则是针对一定时期内，准备实施的某一项培训活动详尽的具体策划。培训计划可以概括，而培训实施方案要具体。培训计划注重宏观，而培训实施方案偏重于微观，较培训计划更具可操作性。

（2）表现手法（形式）的区别。因内容和功能的差异，培训计划以条款式居多，且表述相对比较概括。而培训实施方案多用条文或纲目式，表述明确，具体而详尽。

（3）数量的区别。培训计划在同一单位（部门）的一定时期内，一般只能有一个。而培训实施方案可以根据培训项目的需要，有针对性地制订几个，以供选择。

（4）特点的区别。培训计划是明确培训工作的目标、任务、方向、原则等，注重方向性和指导性。而培训实施方案是说明培训工作的实施细则，注重具体细节的可操作性。

二、编制单位保卫人员培训实施方案

1. 单位保卫人员培训实施方案编制的要求

（1）完整性。单位保卫人员培训实施方案应包括：指导思想（工作目标）、方案适用范围（培训对象）、工作内容、工作重点、实施步骤（工作流程）、组织措施、具体要求、培训预算、培训保障等，确保单位保卫人员培训实施方案的完整性。

（2）针对性。编制单位保卫人员培训实施方案应具有针对性，根据培训项目的目标量身定制，需要结合当时、当地、特定项目、特定主体的实际情况。

（3）可操作性。编制单位保卫人员培训实施方案应具备可操作性，方案在具体实施前及实施过程中的组织管理程序、实施方法与步骤、组织措施与具体要求应运作顺畅。

2. 单位保卫人员培训实施方案编制的原则

（1）切实可行原则。要从实际情况出发定目标、定任务、定标准，既不要因循守旧，也不要脱离实际。一个好的单位保卫人员培训实施方案应该目标明确，措施可行，要求适当。

（2）集思广益原则。在编制单位保卫人员培训实施方案前，要进行调查研究，理解上级部门的意图，广泛听取保卫人员的意见，使单位保卫人员培训实施方案更切合实际。

（3）突出重点原则。要分清轻重缓急，突出重点，以点带面，提高培训效果。

（4）防患未然原则。要预测在培训实施过程中可能会发生的问题，设计防范措施或应对办法。

3. 单位保卫人员培训实施方案编制的方法

（1）单位保卫人员培训实施方案的构架。编制单位保卫人员培训实施方案时，要根据不同的培训类型、需求、任务、对象、重点、项目性质、组织形式等，采用多种编制构架。

1）基本构架一

标 题

（一）指导思想

（二）培训原则

（三）培训内容

（四）培训方式

（五）培训组织管理

（六）培训考核与评价

（七）培训预算

（八）培训保障

（九）工作要求

（十）结语

2）基本构架二

标 题

（一）导语

（二）培训项目概况

（三）培训适用对象

（四）培训重点

（五）培训内容

（六）培训方法

（七）培训流程

（八）组织管理要求

（九）效果评价

（十）保障条件

（十一）工作要求

单位内部培训与外部培训的方式不同，单位保卫人员培训实施方案的构架也不尽相同，可作灵活应变，此处不再一一列举。

（2）单位保卫人员培训实施方案的写法

1）单位保卫人员培训实施方案的写法分类

①常规写法。常规写法是指按指导思想、培训目标（重点）、实施步骤、组织措施及工作要求的顺序来写，比较适合一般常规性培训。

②变项写法。变项写法是指根据培训的实际需要，有针对性地加项或减项，适合有特殊需要的培训。

在两种写法中，培训目标、实施步骤、组织措施都是必不可少的。单位保卫人员培训实施方案的小标题可以不同，如把主要目标改为目标和任务，把组织措施改为实施办法等。培训目标一般还分为总体目标和具体目标。实施步骤一般还分为基本步骤或分阶段步骤。

2）单位保卫人员培训实施方案的具体写法

①标题。单位保卫人员培训实施方案的标题可分为全称式和简明式，而又以全称式居多，如"医院保卫人员维护医疗秩序内训实施方案"。

②导言。导言要简明扼要地交代单位保卫人员培训实施方案制订的目的、意义和依据，一般采用"为了……根据……特制定本方案"的惯常写法。

③主体内容。主体内容是单位保卫人员培训实施方案的主要内容，包括：简要阐述实施培训的重要性和必要性；阐明实施培训的指导思想、目标要求及指导原则；实施培训的安排、步骤、方式、方法；关于培训的组织领导及资金保障等。主体内容要求具体明确，小标题要眉目清楚，具有很强的可操作性。例如，实施

培训分为哪几个步骤，每个步骤安排在什么时间、多长时间，每个步骤由哪些部门、哪些人员负责落实等，都要做好具体而又明确的安排和分工。上述四部分内容可以根据不同的部门、不同的工作内容而有所删减。有的单位保卫人员培训实施方案就不写重要性和必要性的内容，而直接写后三部分的内容。特别对各个实施阶段的时间、培训内容、负责的部门及要求等做出非常具体、详细而又明确的部署和安排，便于统一步调，各司其职。

④结尾。结尾通常是对贯彻单位保卫人员培训实施方案提出明确的要求，如要求相关实施部门认真执行。结尾要求简单明了。

3）单位保卫人员培训实施方案编制的注意事项

①确定培训目标是编制单位保卫人员培训实施方案的重要环节，应将调查研究和预测这两种科学方法有机结合。

②在编制单位保卫人员培训实施方案前，要广泛收集各种资料作为编制的依据，进行质与量、点与面的分析，做好可行性研究，提出建议方案，尽量预计并避免可能发生的问题，从而使单位保卫人员培训实施方案更趋完善。

③当文字比较冗长时，建议设计表格，达到一目了然的效果。

（3）单位保卫人员培训实施方案的典型案例

案例名称：××医院保卫人员维护医疗秩序内训实施方案

情景描述：近几年来，频发性质恶劣的暴力伤医、破坏医疗秩序的事件，严重损害了医务人员的人身权益。为此，××医院拟对保卫人员开展内训，以提高保卫人员维护良好医疗秩序，防范、处置各类涉医违法犯罪行为的能力。为此，请编制"××医院保卫人员维护医疗秩序内训实施方案"。

××医院保卫人员维护医疗秩序内训实施方案

（一）培训目的

分析：开展医院保卫人员培训的目的。

（二）培训目标

分析：提出通过本次培训，着力提升医院保卫人员的技能。

例如：

1. 能运用守护、巡逻、安全检查等技能，开展医院安全防范工作。

2. 能使用安保防护装备，防范、震慑各类违法事件，并进行先期处置。

3. 能根据医警联动平台发出的指令进行跟踪、贴靠与控制，并进行先期处置。

4. 能使用制暴战术，制止违法犯罪行为并报警，做好现场保护措施。

（三）培训对象

分析：明确培训对象。

例如：医院全体保卫人员。

（四）培训内容

分析：可以针对医院纠纷处理、医患冲突应急处置、防卫技能培训等方面设计培训内容。

例如：

1. 医院纠纷处理。包括医院纠纷的先期处理要求，纠纷劝解的工作方法，报警要求及程序，现场防卫与控制技术应用。

2. 医患冲突应急处置。包括：殴打、故意伤害、故意杀害医务人员，暴力、威胁、侮辱、恐吓、诽谤医务人员，故意损毁，起哄闹事，私设灵堂，非法携带违禁器具进入医疗卫生机构，醉酒者闹事，精神病人发病闹事，号贩子等保卫部门履行管理职责的案（事）件处置流程；医院常见案（事）件的现场保护方法和要求等。

3. 防卫技能培训。包括使用安全防护装备，保护医护人员的技能及自身保卫技能等。

（五）培训方式

分析：为提升培训效果，可以采用多种培训方式结合。

例如：

1. 理论知识培训可以采用线下培训方式，也可以采用线上培训方式。

2. 操作技能培训可以通过课堂讲授、分组训练、模拟演练、师傅带徒弟和岗位训练等方式开展。

（六）培训课时分配

分析：根据实际需求，科学分配培训课时，兼顾理论知识学习与操作技能训练。

（七）培训师资

分析：设置培训讲师资格，确保培训质量，通常从单位内部或者外部邀请理论和实务专家进行培训。

（八）组织实施

1. 组织机构

分析：列明参加本次医院保卫人员培训的人员组成。

2. 实施步骤

分析：细化工作步骤，提出完成任务的统一时间节点。

（九）工作要求

分析：明确工作要求，可以从组织机构、思想意识、重点环节、监督检查、效果评估等多维角度提出要求，确保培训工作顺利进行。

第二节 业务指导与水平考核

学习单元1 单位保卫人员业务指导

一、单位保卫业务指导的基础知识

1. 单位保卫业务指导的概念

单位保卫业务指导是指单位根据保卫业务工作的需要，为提升单位保卫人员的职业道德、敬业精神、保卫业务水平和管理水平，对其实施有计划地教导与引导。

2. 单位保卫业务指导的原则

（1）战略原则。单位制定的中长期战略发展目标，在保卫工作方面，会对单位保卫人员的职业能力提出更高的要求。因此，在制订单位保卫业务指导计划时，必须结合单位的战略发展目标，有一个中长期的战略考量。

（2）按需指导原则。单位保卫业务指导应依据单位为实现安全保卫的工作目标，结合保卫工作岗位对提升业务知识技能的需求，开展必要而又有效的指导。

（3）动态管理原则。单位对保卫工作的要求会根据单位战略发展的渐进，不断改革与创新。面对客观变化的动态过程，单位保卫业务指导应贯穿于保卫管理工作的全过程。

（4）层次原则。单位保卫业务指导应满足单位各类型、各层次的保卫业务发展需求，既有基础性指导，又有个性化指导，才能做到有的放矢。

（5）理论联系实际原则。单位保卫业务指导要注重联系实际，重视培养单位保卫人员运用理论知识的能力，正确处理理论知识学习与技能训练的关系。用理论分析实际，用实际验证理论，使单位保卫人员从理论和实际的结合中理解和掌握知识，培养单位保卫人员运用理论知识解决实际问题的能力。

二、单位保卫人员业务指导的内容

1. 指导单位保卫人员进行职业生涯规划

（1）职业生涯规划的概念。职业生涯规划又称"职业生涯设计"，是指个人与组织相结合，在对单位保卫人员职业生涯的主客观条件测定、分析的基础上，对其能力与特点进行综合判断，并根据职业倾向，确定职业奋斗的目标，作出科学有效的职业生涯安排。

职业生涯规划是一个动态变化的过程。随着价值观和各种环境的变化，单位保卫人员的职业期望也会发生变化。对于单位来说，在各类保卫工作岗位上安排能够胜任岗位要求的人选，是一项很重要的事情。对于单位保卫人员来说，要找到适合自己的岗位，做到人岗匹配，又有向上发展的空间，就是最好的定位。从个人职业生涯规划的角度看，要先进行准确的自我定位，弄清自己想干什么、能干什么，自己的学识和才能适合干什么。自我定位决定职业生涯的方向，也决定职业生涯规划的成败。可以通过职业倾向、能力倾向和职业价值观进行测量，找准职业切入点。

（2）单位保卫人员职业生涯规划设计的方法。职业生涯规划的另一个目的，是通过规划求得职业发展，确定今后各个阶段的发展平台，并且制定相应的计划和措施。单位人力资源部门和保卫部门应给予详细的指导，提供培训和继续教育的参考意见，创造"充电"的条件。常用的指导职业生涯规划设计的"五问"模式包括以下内容。

1）"我是谁"。自我评价的过程，要求对自己的优缺点有一个比较清醒的认识。

2）"我想干什么"。理清自己对职业发展的期望。

3）"我能干什么"。能力与潜力的自我定位，确定职业发展空间的大小。

4）"单位的环境适合我干什么"。综合主客观因素，列出实现职业目标的条件，找到不利条件最少的、能够实现的目标，找准职业切入点。

5）"找到自己的职业目标是什么"。列出职业发展规划，分析自我提高的可靠途径。在目前的基础上，通过自己的努力，最有可能实现的理想目标。如何落实规划是每个单位保卫人员必须考虑并面对的另一个问题。在实施职业生涯规划过程中，需要有良好的职场敏感度，根据个人需要和现实变化，不断调整职业发展的目标与规划。

2. 保卫职业培训体系助力单位保卫人员职业生涯发展

（1）单位保卫人员职业培训体系的设计模型。依据《企业事业单位内部治安保卫条例》和《保安服务管理条例》的要求，单位保卫人员和保安员目前实施的教育培训项目包括保安员证上岗培训、单位保卫人员内训、保卫管理员／保安员职业技能培训等。

（2）保卫管理技师复训是培训体系的顶端设计，体现了保卫管理员接受终身教育的先进理念。凡取得技师等级及以上的保卫管理员，只有不断学习保卫管理的新知识和新技能，才能胜任现代社会对其岗位能力的高要求。保卫管理技师复训的内容包括最新相关法律法规解读、保卫管理案例剖析、数字化城市管理、单位危机处理、当前国内外形势分析等。复训一般可采用讲座、研讨、交流、考察、论坛等多种方式。

保卫管理员培训项目的培训层次是一个由低到高的职业培训体系。保安员证上岗培训是最基础的培训，位于培训体系的底端。由下而上的培训通道依次为：单位保卫人员内训、保卫管理员职业等级培训（三级／高级工、二级／技师、一级／高级技师）和保卫管理技师复训（继续教育）等。保卫管理员职业培训体系的模型呈"金字塔"的结构形态，单位保卫人员可以在体系中找到适合自己的培训项目，同时，也指明了今后的培训目标。

另外，当前社会正处于快速变革转型的时期，单位保卫人员培训讲师必须与时俱进，提升培训水平。承担培训任务的讲师，每隔一段时期要参加一定学时的继续教育。只有不断学习新的理念、理论和技术，才能胜任培训工作。师资培训的内容包括师德、教学规范、保卫业务新知识与新技能等。培训方式包括集中面授、教研活动、实地考察、听课评课、编写教材等。

（3）推进"互联网＋职业培训"方式。在教育培训方式变化万千的年代，传统的职业技能培训方式面临"互联网＋职业培训"方式的挑战。单位保卫人员培训应采用线下培训与线上培训相结合的培训方式，建立"互联网＋"的线上培训平台，提供单位保卫人员自主学习的方式，开发单位保卫人员培训在线课程，满足单位保卫人员的培训需求。

3. 指导单位保卫人员学习保卫管理工作标准

保卫管理工作标准是在保卫管理业务标准的基础上，进一步对单位保卫管理工作的每一项程序和工作内容提出质量的要求，使单位保卫管理业务有更具体的依据。保卫管理工作标准是单位保卫人员培训标准的补充和完善，有利于单位保卫管理业务的推行和保卫管理水平的提高，有利于单位保卫人员素质的提高。保卫管理工作标准是对单位保卫人员业务工作提出的明确的素质要求，同时也是考核单位保卫人员的重要依据。保卫管理工作标准包括岗位规范、工作规程、规章制度等。

（1）岗位规范。岗位规范又称"岗位标准"，是对在岗保卫人员所规定的工作要求和任职条件，是对不同岗位保卫人员应具有素质的综合要求，是衡量单位保卫人员是否具备上岗任职资格的依据。岗位规范的具体内容包括岗位的工作任务职责、基本条件和素质。岗位规范设计效果受到组织结构设计是否合理和工作分析是否到位两个重要因素的影响。保卫管理员岗位规范的主要内容包括管理岗位工作规范、工作人员行为规范、岗位培训规范、岗位业务能力规范等。管理岗位工作规范的内容包括职责要求、知识要求、能力要求和经历要求等；工作人员行为规范的内容包括仪容仪表、岗位纪律、工作程序、待人接物、安全行为、素质与修养等；岗位培训规范的内容包括指导性培训计划、参考性培训大纲、培训实施方案和推荐教材等；岗位业务能力规范的内容包括胜任岗位应知、应会知识和技能。

（2）工作规程。工作规程的含义是"规则+流程"。规则是指规定出来供大家共同遵守的制度或章程。《企业事业单位内部治安保卫条例》是单位保卫工作的规则，单位保卫人员必须依《企业事业单位内部治安保卫条例》执行，将《企业事业单位内部治安保卫条例》精神贯彻到日常的保卫工作中。流程是指为实现特定目标而采取的一系列前后相继的行动组合，即工作程序。单位为控制风险，降低管理成本，通过对工作的梳理，利用网络信息化技术，实现工作的规范性，增加相关管理工作过程的透明度，提高管理工作效率，完善管理体制。保卫管理工作流程的主要内容包括：如何构建科学的单位保卫业务流程，加强及改善保卫工作，确保流程在遵循性、有效性和绩效等方面达到预定的要求，实现保卫工作的高效率与高效益。单位保卫人员执行保卫管理工作规程，可以达到职能统一、集中、合并、转换、整合和优化的效果。

（3）规章制度。规章制度是指单位用于规范全体员工及单位所有业务活动的标准和规定，是以《中华人民共和国劳动法》为具体依据，是单位内部管理责任制的具体化。单位规章制度具有普遍性和强制性，任何人、任何部门都必须遵守。

单位规章制度大致可分为基本制度、工作制度和责任制度。

保卫管理制度指导体现在单位要求保卫人员：熟悉并遵守保卫管理制度，熟悉单位管理机制、管理机构设置的规范、管理原则和管理方法；理解保卫管理制度是实施一定的管理行为的依据，是单位保卫管理得以顺利实施的保证；明确保卫管理制度具有相对稳定性，一旦制定，就会显示它的权威性；理解保卫管理制度的稳定性是相对的，当现行制度不符合实际情况时，需要及时修订。因此，单位保卫部门应经常进行保卫管理制度指导，要求单位保卫人员不得随意违反规章制度，特别是对于新的或者是修改后的保卫管理制度，更要严格执行。

4. 指导单位保卫业务

（1）单位保卫业务指导的依据。《保卫管理员国家职业技能标准（2020年版）》的内容，包括职业守则、基础理论知识、专业基础知识、相关法律知识、相关法规知识、各等级工作要求（职业功能、工作内容、技能要求与相关知识要求）等。单位保卫业务指导包括以下内容。

1）应以标准的内容和能力定位为依据，制订单位保卫人员培训计划和培训实施方案。

2）根据单位保卫工作需要，开发培训项目、培训课程，以及培训所需要的各类培训资料。

3）在控制培训质量方面，评估单位保卫人员培训工作的实施效果。

（2）处理单位保卫业务指导的关系

1）正确处理"软与硬"的关系。纠正"业务指导是软指标"的认识偏差，明确业务指导工作是单位保卫工作的重要职责，是保卫部门的重要工作内容，是检验单位保卫工作水平的一项"硬指标"。要充分发挥自身优势，整合上下力量，协调内外关系，认识统一，形成合力。

2）正确处理"上与下"的关系。明确指导不是领导，防止越俎代庖；明确指导不是代替，防止大包大揽；明确指导不是瞎指挥，防止干扰基层正常工作。

3）正确处理"标与本"的关系。治标更要治本：加强调查研究，及时发现和掌握单位保卫工作中带有倾向性、普遍性的问题，有针对性地加以指导；在业务检查中发现单位保卫工作中存在的问题，通过培训、研讨、帮带等方式，加强单位保卫人员培训，提高他们处理和解决问题的能力；通过保卫管理创新思维的引导，改变传统的管理方式，从而提高指导的效果。

4）正确处理"虚与实"的关系。在单位保卫工作中坚守职业操守，遵守规章制度,强化责任制等指导内容,都是保卫业务指导的重点。不能将这些指导内容虚化,要经常抓落实,常抓不懈,指导单位保卫人员将上述要求变成自觉行动,贯穿于单位保卫管理工作的全过程。

(3)单位保卫业务指导的开展

1)分析治理治安隐患的责任。治安隐患涉及各部门,治理治安隐患有非专业的方法与专业方法之分。专业方法应当由专业部门的人员操作,保卫部门难以单独承担治理所有治安隐患的责任,应当按照各司其职、各尽其责的原则确定责任主体。治理治安隐患的主体是保卫人员,治安隐患所在部门、单位领导。单位应当根据本单位实际情况,明确治安隐患治理的责任主体、责任人及治理时间的要求。

2)明确治理治安隐患的基本制度

①排查治安隐患应当明确责任部门、责任人,是排查治安隐患长效机制的基础,也是建立健全治安隐患排查治理分级管理制度的基础。在日常的安全检查中,发现一般治安隐患,按照谁发现谁负责落实治理。非本部门人员发现的治安隐患又无法治理的,由该部门负责治理;重大治安隐患由所在部门负责,部门负责人是责任人。治理特大治安隐患的责任是单位领导,主要领导人是责任人。

②建立治安隐患台账制度。发现治安隐患以及当场处理情况应当记录在案,对限期治理的复查情况应当及时记录,对检查、治理治安隐患工作违规违纪处罚的情况予以记录。台账能够反映治安隐患的发现、治理、奖惩等工作的全过程,便于总结保卫工作,有利于推动单位治理治安隐患落到实处。

③建立治安隐患信息上报制度。排查治安隐患的工作需要透明公开,上报治安隐患信息有利于单位领导及时掌握安全工作情况,并发动群众共同治理治安隐患、堵塞防范漏洞。

④建立限期治理治安隐患制度。对治安隐患,能治理的立即治理,一时治理不了的,要制定治理时间表,限期治理。治理工作要定人、定时间、定措施,对重特大事故隐患要实行挂牌治理,重点监控。限期治理包括跟踪检查,即治理结束要复查验收,确保治理工作不走过场。负责复查验收的组织是有权发出限期治理通知的组织。根据实际情况,单位也可以另外确定复查验收的组织。

⑤建立奖惩制度。对治安隐患治理工作不力而引发事故的,属于违规违纪的由单位给予处罚;触犯法律、法规应当追究治安或刑事责任的由公安部门查处。单位应当制定具体的奖惩制度。

另外，责任追究是治安隐患治理责任的重要组成部分，是落实治安隐患排查的制度保障。责任追究制度应当纳入单位行政管理制度体系，追究的质量及力度参照其他项目的规定，并且与其他项目的规定相一致。

三、单位保卫人员业务指导的重点

单位保卫人员应当具备的治安保卫核心能力是"防范与处置"。根据"预防为主、单位负责、突出重点、保障安全"的保卫工作方针，安全防范知识与技能是单位保卫人员业务指导的重点。

1. 指导防范的基本特征

（1）前瞻性。前瞻性是指应注重把握单位保卫工作的可发展性，挖掘潜在性。通过加强对保卫业务动态的研究，延伸出一些新的判断，衍生出对未来业务工作的预见。

（2）可操作性。可操作性是指工作计划、实施方案、工作部署等要能够落地，使单位保卫人员知道该如何做，采取哪些方法做。指导防范要注重实效，使单位保卫工作在原有基础上有所提高，防止不切实际地夸夸其谈。

（3）合法性。合法性是指在对单位保卫人员实施业务指导的过程中，不得与现行的法律、法规、标准、规章制度相抵触，不得随意降低标准。

2. 指导防范的要求

根据单位的性质、地位和对社会经济发展的作用，对业务指导进行定位，使指导有的放矢，重点把握单位开展保卫工作的计划、过程和结果。单位保卫工作应具有责任性、保密性和连带性。

（1）责任性。责任性是指在生产经营过程中，单位为确保内部人员的生命安全和国家财产安全，采取行之有效的行政管理行为，所体现的意识。

（2）连带性。连带性是指单位在其他社会场所内有权使用的安全措施行为。

（3）保密性。保密性是指为维护国家安全和社会稳定，所必须遵守的保密制度。

3. 指导防范的形式

单位实施治安防范指导工作，包括现场指导、定期指导、日常指导和专项指导等形式。为了加强指导防范的针对性，可采用分类指导与分级指导的形式。

（1）分类指导。分类指导是指按单位性质和防范工作重点对单位进行分类，根据每一类单位的特点，会同有关部门制定相应的安全管理措施和方法。同业性质单位的防范工作严格执行国家标准、行业标准和地方标准。

（2）分级指导。分级指导是指按照一定风险等级标准划分级别，指导监督不同级别单位采用不同的标准。分级指导主要分为两类：一类是按重点单位和一般单位来进行横向分级指导，另一类是在本行业系统中进行纵向分级指导。

4. 指导防范的方法

（1）检查指导。检查是指导防范工作的有效手段，利于及时发现问题、明确指导方向、总结经验得失。同时，要针对《企业事业单位内部治安保卫条例》规定的 11 类治安保卫重点单位，制定检查指导的流程和内容，通过检查及时了解基层单位保卫工作状况，提出治理治安隐患的具体措施和要求。

（2）跟进指导。有效的业务指导包括持续跟进指导，以检查进展情况。跟进指导是业务指导的重要程序，能够防止倒退，巩固业务指导成果。跟进指导的另一个作用是可以验证实施方案是否需要修正。

1）发现防范工作中存在的问题。单位在治安防范工作中可能存在的问题包括：单位治安保卫力量薄弱，对单位治安保卫投入较少，机构不健全，人员未落实，经费无保障；单位治安保卫责任体系未理顺，责任不明确，奖惩不分明；单位治安保卫制度不健全，执行不严格，流于形式；单位治安防范设施不达标，规划与建设不同步，留下治安隐患；未形成反恐怖防范长效机制，单位保卫人员对应急预案不熟悉，未组织开展相关演练，反恐怖意识薄弱。

2）分析问题原因。分析单位在治安防范工作中产生上述问题的原因，引用《保卫管理员国家职业技能标准（2020 年版）》中关于保卫工作"组织防范、技术防范、保卫管理、应急管理、培训与指导"5 个职业功能的表述，查找组织防范松懈、技防设施投入不足、保卫管理缺失、应急管理意识不强、单位保卫人员培训不落实等原因。

3）督促整改。通过开展各种形式的检查与指导，采取现场督导、通报、责令整改和提请上级部门协调解决等方法，对单位内部存在的治安隐患进行督促治理。

四、单位保卫人员业务指导的方法

1. 单位保卫人员业务指导的方式

（1）传统式。传统式是指向单位保卫人员直接指导保卫业务知识和技能，业务指导讲师以讲授的方法讲解实施指导。传统式适用于一对多的指导情况，能体现指导效率。不足之处是信息单向传递，缺少效果反馈。师傅带徒弟就是传统式的业务指导方式。

（2）启发式。启发式是指指导讲师通过激发单位保卫人员的思维和学习信心实施指导。指导讲师并不急于进行具体的指导，而是把自己放在观察者的位置上，通过设问、倾听、反馈等技巧的运用，指点引导单位保卫人员熟悉并掌握培训内容，然后指导讲师再评估单位保卫人员的培训状况，并对评估结果进行反馈和总结。指导讲师通常需要推动单位保卫人员解决问题，而不是自己直接参与。

2. 单位保卫人员业务指导方式的实际应用

（1）讲授法。讲授法是指指导讲师通过简明、生动的口头语言实施指导。指导讲师通过叙述、描绘、解释、推论来传递信息，传授实际经验，做到理论和实践相结合，通俗易懂，形象生动。

（2）讨论法。讨论法是启发式常用的指导方法，具有双向或者多向反馈的指导功能，研讨会、小组讨论等形式都属于讨论法。其优点是通过互动的方式，单位保卫人员的参与度比较高，指导的效果也比较好。当然，讨论法对指导讲师掌控和引导的能力要求比较高。

（3）示范操作。示范操作是指指导讲师可结合单位保卫工作的任务，在现场进行操作演示，示范操作方法，提出建议，以便单位保卫人员观摩学习。

（4）练习法。练习法是指单位保卫人员在接受指导的过程中，通过不断练习学会操作技能并巩固知识。

业务指导方式的实际应用还有集体座谈法、个人面谈法、报告会法、工作轮换法、影视观摩法、线上指导法等，此处不一一列举。

学习单元2　单位保卫人员综合素质考核

一、综合素质的基础知识

1. 综合素质的概念

综合素质是指一个人的道德修养、人文品格、知识水平、专业技能、社交能力、创新意识、应激与适应能力、身心健康等方面的系统整合。综合素质是人在先天禀赋的基础上，通过接受教育和社会实践活动而发展形成的主体性品质。

2. 综合素质的具体体现

综合素质主要包括人格素质、专业素质、能力素质、心理素质、身体素质等。人格素质包括价值观念、人格魅力、气质修养、法纪意识等；专业素质包括理论知识、专业特长、职业技能等；能力素质包括压力承受、创新意识、实践应用、生存发展等；心理素质包括心态平稳、胸怀气量、精神状态、适应变化等；身体素质包括生理状态、健康状态等。

二、单位保卫人员综合素质考核的内容

胜任力是指在某一工作中能显著区分优秀、一般绩效和不能胜任的个体特征，是个体从事岗位工作的基本要求。在一个组织中，不同岗位的工作要求工作人员具备的素质和水平是不同的。用胜任力结合对保卫人员的素质要求，可以划分与解析单位保卫人员的综合素质要求。经过分析，单位保卫人员的综合素质要求主要包括以下内容。

1. 人际沟通

人际沟通是指能够清晰地阐述信息，敢于质疑或挑战他人的观点，通过自己的说服力和影响力，促进达成一致。

2. 心理韧性

心理韧性是指在压力环境中，能够保持镇静并有效应对，展现自信，妥善解决人际冲突，表现良好的心理素质。

3. 执行任务

执行任务是指能区分多项工作的轻重缓急，制订有效的计划及实施流程以确保任务的达成，并能履行承诺和保守机密。

4. 关注细节

关注细节是指能够按时完成工作任务并遵循工作程序，认真核查工作中的各个细节，以降低错误风险，确保工作质量。

5. 解决问题

解决问题是指处理问题时，可基于常识及经验，准确地分析问题的关键点，并能提出有效的解决方案。

学习单元3 单位保卫人员培训档案建设

一、培训档案建设的基础知识

1. 档案建设的意义

当今社会已进入知识经济和信息时代,档案作为信息资源的重要组成部分,记录单位全部活动的轨迹,在单位现代化管理的各个方面发挥着重要的作用。科学化、规范化、制度化的档案管理,是单位必须做好的一项基础性工作,会对规避和抵御各种风险起到重要作用。

2. 单位培训档案的分类

(1)单位保卫人员培训档案。单位保卫人员培训档案是人力资源管理部门为单位保卫人员建立的,体现在一定时期内参加保卫业务培训项目的记录性文件。档案的内容主要记录参加的培训项目、培训日期、培训学时、培训结果(如考试、取证、继续教育等)和培训费用等。

(2)保卫业务培训管理档案。保卫业务培训管理档案是单位培训管理人员在保卫业务培训过程中形成的过程性文件与资料,包括单位保卫人员年度培训工作计划、培训项目建议书、培训项目评估报告、内外部培训师资档案、单位保卫人员培训取证和继续教育档案、培训业务定点联系机构档案等,以及为保卫业务培训开发的培训项目、培训课程、培训教材和讲义、多媒体培训资料等。

二、单位保卫人员培训档案建设的内容

1. 单位保卫人员培训档案建设的要求

(1)维护档案的完整。将培训档案建设工作贯穿培训工作的全过程,依照培训档案目录编制培训档案,从数量上要保证培训档案齐全,不残缺短少;从质量上要保持培训档案的有机联系,不能人为割裂、分散或零乱堆砌。

(2)维护档案的安全。力求培训档案本身不受损坏,保护培训档案免遭有意破坏。

2. 单位保卫人员培训档案建设的方法

（1）培训档案的采集。培训档案的采集是围绕单位保卫人员培训实施而发生的，需要相关管理部门及时地进行信息采集与处理。从信息采集程序上讲，培训档案要素的信息采集起始点为培训计划制订并下发开始实施。单位保卫人员培训按大类分可分为外部培训和内部培训。外部培训是指需要借助外部资源的培训，如单位保卫人员外出培训、单位聘请外部讲师进行的培训。内部培训是指单位利用内部资源开展的培训，如人力资源部组织的管理层面的培训或基层班组自主培训等。所有培训要素的相关信息经过收集，录入单位保卫人员培训档案管理系统。系统可以将不同时点、零星输入的培训档案要素信息进行数据处理，实现单位保卫人员培训档案规范化管理。

（2）培训档案整理的步骤

1）分类。培训档案依照单位保卫人员培训档案目录，先按大类分类，再具体归类。

2）组卷。培训档案按形成阶段、内容和顺序分别组卷。

3）排列。培训档案按形成时间、内容和重要程度排列。文字材料和影像资料在一卷的，文字材料在前，影像资料在后。有编号的培训档案按照编号排列。

4）编号。对于装订成卷的培训档案，案卷内的档案要逐页编号，编号位置正面在右下角，背面有文字的在左下角；对于不装订的培训档案，应在案卷内每份档案的右上角加盖档号章。

5）编制目录。卷内目录放在卷内文件之前，包括序号，文件号，责任者，文件的题名、日期、页号、备注。

6）装订装盒。对于采用装订方式的培训档案，用档案部门统一监制的软卷皮，将卷内目录、归档文件一起装订成册，再装入档案卷盒保存；对于采用不装订方式的培训档案，可将卷内目录、归档文件、备考表依次装入档案卷盒保存。

7）编制案卷封面、脊背。案卷封面印制在卷盒或软卷皮的正表面。案卷封面包括标题、立卷单位、起止日期、保管期限、档号等；案卷脊背包括保管期限、档号、案卷题名。保管期限分为永久、长期、短期。

三、单位保卫人员培训档案的数字化管理

数字化档案管理系统是对传统档案管理工作的创新，能够实现对档案和档案材料收集、鉴别、整理、保管、转递、统计、查阅等日常工作的数字化管理，并

通过组织系统专网实现档案的网上浏览和远程查借阅功能。按照档案业务工作流程，经过系统管理员的授权，单位领导和有关科室可以在各自办公室查阅档案，外来查档单位可以在阅档室通过电脑查阅档案，也可以通过网络实现远程阅档。数字化管理档案使传统的以纸质为载体的档案信息转为数字化信息，不仅节约了保管费用，节省了空间，而且查阅极为方便迅速，避免了反复印制资料造成的纸张和人员的浪费。

1. 档案数字化采集

从档案实体库提卷后，首先拆卷，校对档案页数，区分高扫、平扫材料；然后进行信息采集，同时对图像进行纠偏、去污、去黑边等处理，校对档案目录，核对电子数据，完成初步审核；最后，由专人再次对档案原件及数据进行审核，确认无误后，完成档案装订还原，对电子数据进行归档。在整个过程中，各环节相互配合，协同操作，以流水线方式完成信息的采集、审核工作，为档案的利用提供准确可靠的数据信息。

2. 档案数字化查阅

以组织系统专用资源网络为基础，采用浏览器/服务器模式架构，在组织系统内部实现本地及远程查档、阅档功能。系统在安全方面进行了周密的考虑：按日期、时间或长期有效等多种方式，完成阅档授权；对阅档过程进行详细的日志记录；信息采用加密信道传输等多种方式，使系统运行更加安全可靠。